Office 2016

초판 발행일 | 2021년 4월 15일
지은이 | 해람북스 기획팀
펴낸이 | 최용섭
총편집인 | 이준우
기획진행 | 김미경
표지디자인 | 김영리
편집디자인 | 김영리

주소 | 서울시 용산구 한남대로 11길 12, 6층
문의전화 | 02-6337-5419 팩스 02-6337-5429
홈페이지 | http://www.hrbooks.co.kr

발행처 | (주)미래엔에듀파트너 **출판등록번호** | 제2016-000047호

ISBN 979-11-6571-144-3 13000

이 책은 저작권법에 따라 보호받는 저작물이므로 무단전재와 무단복제를 금지하며, 이 책 내용의 전부 또는 일부를 이용하려면 반드시 저작권자와 (주)미래엔에듀파트너의 서면동의를 받아야 합니다.

※ 잘못된 책은 바꾸어 드립니다.
※ 책 가격은 뒷면에 있습니다.

상담을 원하시거나 아이가 컴퓨터 수업에 참석할 수 없는 경우에 아래 연락처로 미리 연락주시기 바랍니다.

★컴퓨터 선생님 성함 : _____   ★내 자리 번호 : _____

★컴퓨터 교실 전화번호 : _____

★나의 컴교실 시간표   요일 : _____   시간 : _____

※ 학생들이 컴퓨터실에 올 때는 컴퓨터 교재와 필기도구를 꼭 챙겨서 올 수 있도록 해 주시고, 인형, 딱지, 휴대폰 등은 컴퓨터 시간에 꺼내지 않도록 지도 바랍니다.

시간표 및 출석 확인란입니다. 꼭 확인하셔서 결석이나 지각이 없도록 협조 바랍니다.

_____ 월

월	화	수	목	금

시간표 및 출석 확인란입니다. 꼭 확인하셔서 결석이나 지각이 없도록 협조 바랍니다.

_____ 월

월	화	수	목	금

시간표 및 출석 확인란입니다. 꼭 확인하셔서 결석이나 지각이 없도록 협조 바랍니다.

_____ 월

월	화	수	목	금

나의 타자 단계

이름 : _____

⭐ 오타 수가 5개를 넘지 않는 친구는 선생님께 확인을 받은 후 다음 단계로 넘어가서 연습합니다.

자리 연습	1단계	2단계	3단계	4단계	5단계	6단계	7단계	8단계
보고하기								
안보고하기								

낱말 연습	1단계	2단계	3단계	4단계	5단계	6단계	7단계	8단계
보고하기								
안보고하기								

자리연습	1번 연습	2번 연습	3번 연습	4번 연습	5번 연습	6번 연습	7번 연습	8번 연습
10개 이상								
20개 이상								
30개 이상								

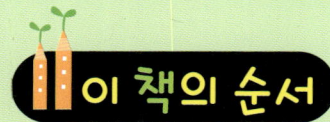

이 책의 순서

최고작품집

01	팬시아트 만들기	6
02	나만의 엽서 만들기	11
03	달력 만들기	15
04	서울 관광 코스 만들기	20
05	졸업식 초대장 만들기	25
06	컴퓨터 교실 신문 만들기	30
07	눈사람 스티커 만들기	35
08	제주도 여행 보고서	40
09	체험학습 설문조사	45
10	로빈훗의 양궁 실력	50
11	쿠키 만들기	57
12	우리반 인기 과자는?	63
13	컴퓨터 수행평가 채점표	67
14	컴짱 뽑기 대회 신청 명단	71
15	세계 유명 관광지 소개	75
16	영화 흥행 현황	79

솜씨 어때요? 83

01 팬시아트 만들기

- 도형, 글상자, 그리기마당을 이용하여 팬시아트를 만들어요.
- 팬시아트를 인쇄하여 책과 공책, 필기구에 붙여요.

▶ 완성 파일 : 01_팬시아트_완성.hwp

완성작품

 해람 초등학교 5학년 2반 이시우

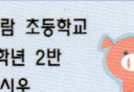 해람 초등학교 5학년 2반 이시우

해람 초등학교 5학년 2반 이시우

해람 초등학교 5학년 2반 이시우

 이 연필은 5학년 2반 이시우 거예요~ 주우신 분은 저에게 돌려주세요~

 이 연필은 5학년 2반 이시우 거예요~ 주우신 분은 저에게 돌려주세요~

 이 연필은 5학년 2반 이시우 거예요~ 주우신 분은 저에게 돌려주세요~

 이 연필은 5학년 2반 이시우 거예요~ 주우신 분은 저에게 돌려주세요~

 **미션 1** 메모지 스티커를 만들어 보아요.

① [쪽] 탭-[편집 용지(📄)]를 클릭하여 [편집 용지] 대화상자가 나타나면 [용지 여백]에서 위쪽, 아래쪽, 왼쪽, 오른쪽 여백을 '10mm', 머리말, 꼬리말 여백을 '0mm'로 설정합니다.

② [입력] 탭-[직사각형(□)]을 선택하여 도형을 그리고 [개체 속성]-[기본] 탭에서 너비 '100mm', 높이 '80mm'로 설정한 후 [선] 탭에서 선 색, 종류, 굵기를 설정합니다.

③ [입력] 탭-[가로 글상자(🔲)]를 선택하여 글상자를 삽입한 후 "MEMO"를 입력하고 [개체 속성]-[선] 탭에서 종류를 '선 없음'으로 설정합니다.

④ [입력] 탭-[그리기마당(🖼)]을 클릭하여 [그리기마당] 대화상자가 나타나면 [그리기 조각] 탭-[캐릭터(동물)]에서 '곰2'를 삽입합니다.

 도형을 선택하고 P 를 눌러도 [개체 속성] 대화상자를 열 수 있어요.

미션 2 이름표 스티커를 만들어 보아요.

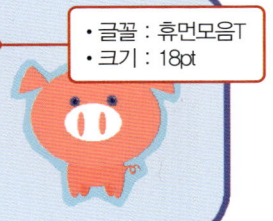

- 글꼴 : 휴먼모음T
- 크기 : 18pt

❶ [입력] 탭-[직사각형(□)] 도형을 삽입한 후 [개체 속성]-[기본] 탭에서 너비 '80mm', 높이 '40mm'로 설정합니다.

❷ [개체 속성]-[선] 탭에서 원하는 선 색, 종류, 굵기를 지정하고 [사각형 모서리 곡률]-[둥근 모양]을 지정합니다.

❸ [개체 속성]-[채우기] 탭에서 원하는 면 색을 지정합니다.

❹ [입력] 탭-[가로 글상자(▤)]를 삽입한 후 내용을 입력하고 [개체 속성]-[선] 탭에서 종류를 '선 없음'으로, [채우기] 탭에서 '색 채우기 없음'으로 지정합니다.

❺ [입력] 탭-[그리기마당(▨)]을 클릭하여 [그리기마당] 대화상자가 나타나면 [그리기 조각] 탭-[캐릭터(동물)]에서 원하는 동물 캐릭터를 삽입합니다.

❻ [▨] 탭-[개체 선택(▨)]을 클릭하고 이름표 스티커 도형 주위를 드래그하여 모든 도형을 선택한 후 [그룹(▲)]-[개체 묶기]를 클릭합니다.

❼ [Ctrl]을 누른 상태로 도형을 드래그하여 복사한 후 앞서 배운 내용을 참고하여 선 색, 채우기 색, 조각 그림을 변경합니다.

> **Tip** 개체 묶기한 도형의 서식을 변경하려면 도형을 선택한 후 [▨] 탭-[그룹(▲)]-[개체 풀기]를 클릭해야 해요.

미션 3 〉 연필띠 스티커를 만들어 보아요.

이 연필은 5학년 2반 이시우 거예요~ 주우신 분은 저에게 돌려주세요~

이 연필은 5학년 2반 이시우 거예요~ 주우신 분은 저에게 돌려주세요~

이 연필은 5학년 2반 이시우 거예요~ 주우신 분은 저에게 돌려주세요~

이 연필은 5학년 2반 이시우 거예요~ 주우신 분은 저에게 돌려주세요~

- 글꼴 : 양재벨라체M
- 크기 : 13pt
- 속성 : 가운데 정렬

① [입력] 탭-[직사각형(□)] 도형을 삽입한 후 [개체 속성]-[기본] 탭에서 너비 '160mm', 높이 '10mm'로 설정합니다.

② [개체 속성]-[선] 탭에서 원하는 선 색, 종류, 굵기를 지정하고 [사각형 모서리 곡률]-[둥근 모양]을 지정합니다.

③ [개체 속성]-[채우기] 탭에서 '색 채우기 없음'을 지정합니다.

④ [입력] 탭-[가로 글상자(▤)]를 삽입하여 내용을 입력한 후 [개체 속성]-[선] 탭에서 종류를 '선 없음'으로 지정합니다.

⑤ [입력] 탭-[그리기마당(▨)]을 클릭하여 [그리기마당] 대화상자가 나타나면 [그리기 조각] 탭에서 원하는 그림을 삽입합니다.

⑥ [▨] 탭-[개체 선택]을 클릭하고 연필띠 스티커 도형 주위를 드래그하여 모든 도형을 선택한 후 [그룹(▲)]-[개체 묶기]를 클릭합니다.

⑦ Ctrl 을 누른 상태로 도형을 드래그하여 복사한 후 앞서 배운 내용을 참고하여 선 색, 조각 그림을 변경합니다.

⑧ 완성된 작품을 라벨지에 인쇄하여 활용해 봅니다.

01   혼자 할 수 있어요!

• 완성 파일 : 01_칭찬스티커_완성.hwp

01 도형, 글상자, 그리기마당을 이용하여 칭찬 스티커 판을 완성해 보세요.

• 글꼴 : 양재깨비체B
• 크기 : 35pt
• 속성 : 가운데 정렬

Hint

❶ [입력] 탭-[직사각형(□)] 도형을 삽입한 후 [개체 속성]-[기본] 탭에서 너비 '150mm', 높이 '170mm'로 지정합니다.
❷ [개체 속성]-[선] 탭에서 종류를 '선 없음'으로 지정한 후 [채우기] 탭에서 원하는 면 색을 지정합니다.
❸ [입력] 탭-[가로 글상자(▦)]를 삽입한 후 [개체 속성]-[선] 탭에서 종류를 '선 없음'으로, [채우기] 탭에서 '색 채우기 없음'으로 지정한 후 내용을 입력하고 원하는 글꼴 서식을 지정합니다.
❹ [입력] 탭-[타원(○)] 도형을 삽입한 후 [개체 속성]-[선] 탭에서 종류를 '선 없음'으로 지정한 후 [채우기] 탭에서 원하는 면 색을 지정합니다.
❺ [입력] 탭-[그리기마당()]을 클릭하여 원하는 그림을 삽입합니다.
❻ Ctrl 을 누른 상태로 '타원' 도형을 드래그하여 복사합니다.
❼ [☒] 탭-[개체 선택(▨)]을 클릭한 후 드래그하여 모든 개체를 선택하고 [그룹(▲)]-[개체 묶기]를 클릭합니다.
❽ 작품이 완성되면 인쇄하여 사용합니다.

Tip

 타원 도형을 그릴 때 Shift 를 누른 상태로 드래그하면 정원 도형이 삽입돼요.

02 나만의 엽서 만들기

학 습 목 표

- 도형에 그림을 삽입해요.
- 도형에 투명도를 지정해요.
- 만든 작품을 인쇄하여 편지를 써봐요.

▶ 예제 파일 : 엽서배경.jpg, 요정.png
▶ 완성 파일 : 02_엽서_완성.hwp

완성작품

미션 1 엽서 배경을 꾸며 보아요.

① [쪽] 탭-[편집 용지(📄)]-[용지 여백]에서 위쪽, 아래쪽 여백을 '15mm', 왼쪽, 오른쪽 여백을 '20mm', 머리말, 꼬리말 여백을 '10mm'로 지정합니다.

② [입력] 탭-[직사각형(□)] 도형을 삽입하고 [개체 속성]-[채우기] 탭에서 '그림'에 체크한 후 [그림 선택(📁)]을 클릭합니다.

③ [그림 넣기] 대화상자가 나타나면 '엽서배경.jpg' 그림을 선택한 후 [넣기] 단추를 클릭합니다.

④ [채우기 유형]을 '크기에 맞추어'로 지정합니다.

⑤ '직사각형' 도형의 [개체 속성]-[위치]에서 '글자처럼 취급'으로 지정합니다.

미션 2 엽서를 완성해 보아요.

① [입력] 탭-[직사각형(□)] 도형을 삽입한 후 [개체 속성]-[선] 탭에서 종류를 '선 없음'으로 지정합니다.

② [채우기] 탭에서 면 색을 '하양'으로 지정한 후 [투명도 설정]에서 투명도를 '50%'로 지정합니다.

③ [입력] 탭-[직선(\)] 도형을 선택한 후 Shift 를 누른 상태로 드래그하여 삽입합니다.

④ Ctrl 을 누른 상태로 삽입한 '직선' 도형을 드래그하여 여러 개 복사합니다.

⑤ [입력] 탭-[그림(🖼)]을 클릭하여 [그림 넣기] 대화상자가 나타나면 '요정.png' 그림을 선택하고 [넣기] 단추를 클릭합니다.

⑥ 작품이 완성되면 인쇄하여 엽서에 편지를 작성해 봅니다.

- Ctrl 을 누른 상태로 선을 그리면 선이 똑바로 잘 그려져요.
- 잘못 그려진 도형을 삭제할 때는 도형을 선택한 후 Delete 를 눌러요.

02 혼자 할 수 있어요!

• 예제 파일 : 편지지 배경.jpg, 개구리.jpg
• 완성 파일 : 02_편지지_완성.hwp

01 도형에 그림을 삽입하여 예쁜 편지지를 완성해 보세요.

Hint

❶ [쪽] 탭–[편집 용지(🗐)]–[용지 여백]에서 위쪽, 아래쪽, 왼쪽, 오른쪽, 머리말, 꼬리말 여백을 '15mm'로 지정합니다.

❷ [입력] 탭–[직사각형(□)] 도형을 삽입한 후 [개체 속성]–[채우기] 탭에서 '편지지 배경.jpg' 그림을 크기에 맞추어 채웁니다.

❸ [입력] 탭–[직사각형(□)] 도형을 삽입하여 [개체 속성]–[선] 탭에서 종류를 '선 없음'으로, [채우기] 탭에서 면 색을 '하양'으로 지정한 후 투명도를 '30%'로 지정합니다.

❹ [입력] 탭–[직선(\)] 도형을 삽입한 후 [개체 속성]–[선] 탭에서 종류를 '점선'으로, 선 색을 '검정 30% 밝게'로 지정합니다.

❺ `Ctrl`을 누른 상태로 '직선' 도형을 드래그하여 여러 개 복사합니다.

❻ [입력] 탭–[그림(🖼)]을 클릭하여 '개구리.png' 그림을 삽입합니다.

03 달력 만들기

학습목표

- 글맵시를 이용하여 제목을 만들어요.
- 표를 이용하여 달력을 만들어요.
- 글상자를 이용하여 메모를 만들어요.

▶ 완성 파일 : 03_5월달력_완성.hwp

완성작품

현우의 5월 달력

에듀초등학교 3학년 3반 김현우

일	월	화	수	목	금	토
		1	2	3	4	5 어린이날
6	7	8 어버이날	9	10	11	12
13 가족여행	14	15 스승의 날	16	17	18	19
20	21	22	23	24	25 현장체험 학습	26
27	28	29 소원이 생일	30	31		

이번 달 목표
1. 하루에 줄넘기 500번씩 하기
2. 하루에 30분씩 책 읽기

나의 좌우명
이기는 것이 중요한 것이 아니라, 어떻게 노력하는가가 문제이다

미션 1 글맵시를 이용하여 제목을 만들어 보아요.

- 글꼴 : 휴먼매직체
- 글꼴 : 휴먼모음T
- 글맵시 모양 : 수축

① [쪽] 탭-[편집 용지]-[용지 여백]에서 위쪽, 아래쪽, 왼쪽, 오른쪽 여백을 '20mm', 머리말, 꼬리말 여백을 '0mm'로 지정합니다.

② [입력] 탭-[글맵시]-[채우기 - 자주색 그러데이션, 회색 그림자, 직사각형 모양]을 클릭하여 [글맵시 만들기] 대화상자가 나타나면 "현우의 5월 달력"을 입력하고 글꼴 서식을 지정합니다.

③ 글맵시가 삽입되면 글맵시를 더블클릭하여 [개체 속성] 대화상자가 나타나면 [기본] 탭에서 너비 '160mm', 높이 '20mm'로 지정한 후 위치를 조절합니다.

④ [입력] 탭-[글맵시]를 클릭하여 [글맵시 만들기] 대화상자가 나타나면 "에듀초등학교 3학년 3반 김현우"를 입력한 후 글꼴과 글맵시 모양을 지정합니다.

⑤ 글맵시가 삽입되면 글맵시를 더블클릭하여 [개체 속성] 대화상자가 나타나면 [기본] 탭에서 너비 '80mm', 높이 '10mm'로 지정하고 [채우기] 탭에서 면 색을 지정한 후 위치를 조절합니다.

Tip
[글맵시]의 목록 단추(▼)를 클릭하면 글맵시 스타일이 나타나고 [글맵시]를 클릭하면 [글맵시 만들기] 대화상자가 바로 나타나요.

 **미션 2** 표를 삽입하여 달력을 만들어 보아요.

일	월	화	수	목	금	토
		1	2	3	4	5 어린이날
6	7	8 어버이날	9	10	11	12
13 가족여행	14	15 스승의 날	16	17	18	19
20	21	22	23	24	25 현장체험학습	26
27	28	29 소원이 생일	30	31		

일 셀 주석:
- 글꼴 : 휴먼엑스포
- 크기 : 16pt
- 속성 : 가운데 정렬

10 셀 주석:
- 글꼴 : 한컴 바겐세일M
- 크기 : 14pt

① [입력] 탭-[표(▦)]를 클릭하여 [표 만들기] 대화상자가 나타나면 줄 수 '6', 칸 수 '7'로 지정한 후 [만들기] 단추를 클릭합니다.

② 표가 삽입되면 표를 선택하고 조절점을 드래그하여 표의 크기를 조절한 후 요일과 날짜를 입력하고 글꼴 서식을 지정합니다.

③ 날짜를 입력한 셀을 블록 지정한 후 [표] 탭-[표/셀 속성(▦)]을 클릭하여 [표/셀 속성] 대화상자가 나타나면 [셀] 탭-[속성]-[세로 정렬]에서 '위'를 지정합니다.

④ 표의 1행을 블록 지정한 후 [표] 탭-[셀 배경 색(◆)]을 클릭하여 배경 색을 지정합니다.

⑤ [입력] 탭-[가로 글상자(▤)]를 삽입하여 달력에 일정을 입력한 후 글꼴 서식을 지정합니다.

⑥ 글상자의 [개체 속성]-[선] 탭에서 종류를 '선 없음'으로, [채우기] 탭에서 '색 채우기 없음'으로 지정합니다.

⑦ [입력] 탭-[그리기마당(▨)]을 클릭하고 그림을 삽입하여 달력을 완성합니다.

미션 3 글상자를 이용하여 메모를 만들어 보아요.

이번 달 목표
1. 하루에 줄넘기 500번씩 하기
2. 하루에 30분씩 책 읽기

- 글꼴 : 휴먼편지체
- 크기 : 19pt
- 속성 : 진하게, 기울임, 가운데 정렬

나의 좌우명
이기는 것이 중요한 것이 아니라,
어떻게 노력하는가가 문제이다

- 글꼴 : 휴먼편지체
- 크기 : 15pt
- 속성 : 가운데 정렬

① [입력] 탭-[가로 글상자(▭)]를 삽입한 후 내용을 입력하고 글꼴 서식을 지정합니다.

② 글상자를 더블클릭하여 [개체 속성] 대화상자가 나타나면 [선] 탭에서 선 색, 종류, 굵기를 지정하고 [사각형 모서리 곡률]-[둥근 모양]을 지정합니다.

③ [개체 속성]-[채우기] 탭에서 면 색을 지정합니다.

④ 앞서 배운 내용을 참고하여 두 번째 글상자를 삽입한 후 서식을 지정합니다.

03   혼자 할 수 있어요!

• 완성 파일 : 03_시간표_완성.hwp

01 글맵시와 표를 이용하여 우리반 시간표를 완성해 보세요.

• 글꼴 : 한컴 백제 B
• 크기 : 20pt
• 속성 : 가운데 정렬

• 글꼴 : 태 나무
• 크기 : 16pt
• 속성 : 가운데 정렬

• 글꼴 : 한컴 윤체 L
• 크기 : 15pt
• 속성 : 진하게

Hint

❶ [쪽] 탭-[편집 용지(📄)]-[용지 여백]에서 위쪽, 아래쪽, 왼쪽, 오른쪽 여백을 '10mm', 머리말, 꼬리말 여백을 '0mm'로 지정합니다.

❷ [입력] 탭-[글맵시(🖋)]-[진초록색 그러데이션, 회색 그림자, 위로 계단식 모양]을 클릭한 후 내용을 입력하고 글꼴 서식을 지정합니다.

❸ [입력] 탭-[표(⊞)]를 선택하여 줄 수 '8', 칸 수 '6'인 표를 삽입하고 조절점을 드래그하여 크기를 조절한 후 내용을 입력하고 글꼴 서식을 지정합니다.

❹ 1행과 1열을 선택하고 [표] 탭-[셀 배경 색(🎨)]을 클릭하여 배경 색을 지정합니다.

❺ 8행을 셀 합치기 한 후 [표] 탭-[셀 배경 색(🎨)]을 클릭하여 배경 색을 지정합니다.

❻ [입력] 탭-[그리기마당(🖼)]에서 그림을 삽입한 후 위치와 크기를 조절합니다.

04 서울 관광 코스 만들기

학습목표

- 글맵시와 글상자를 이용해 내용을 입력해요.
- 책갈피를 지정해요.
- 하이퍼링크를 지정해요.

▶ 예제 파일 : 서울관광.jpg, 서울2박3일코스.png, 서울전통코스.png, 서울한류스타코스.png
▶ 완성 파일 : 04_서울관광코스_완성.hwp

완성작품

 **글맵시와 글상자를 이용해 내용을 작성해 보아요.**

- 글꼴 : 한컴 백제 B
- 크기 : 30pt

❶ [쪽] 탭-[편집 용지(📄)]를 클릭하여 [용지 방향]을 '가로', [용지 여백]을 위쪽, 아래쪽, 왼쪽, 오른쪽 여백 '20mm', 머리말, 꼬리말 여백 '0mm'로 지정합니다.

❷ [입력] 탭-[글맵시(🎨)]-[채우기 - 남색, 연보라색 그림자, 아래로 계단식 모양]을 클릭합니다.

❸ [글맵시 만들기] 대화상자가 나타나면 내용을 입력하고 글맵시 모양을 '직사각형(▬)'으로 지정합니다.

❹ [입력] 탭-[그림(🖼)]을 클릭하여 '서울관광.jpg' 그림을 삽입합니다.

❺ [입력] 탭-[가로 글상자(▬)]를 클릭하여 내용을 입력한 후 [개체 속성]에서 선 서식과 채우기 서식을 지정합니다.

❻ Ctrl 을 누른 상태로 글상자를 드래그하여 글상자 2개를 추가한 후 내용과 도형 서식을 변경합니다.

미션 2 글상자에 책갈피를 지정해 보아요.

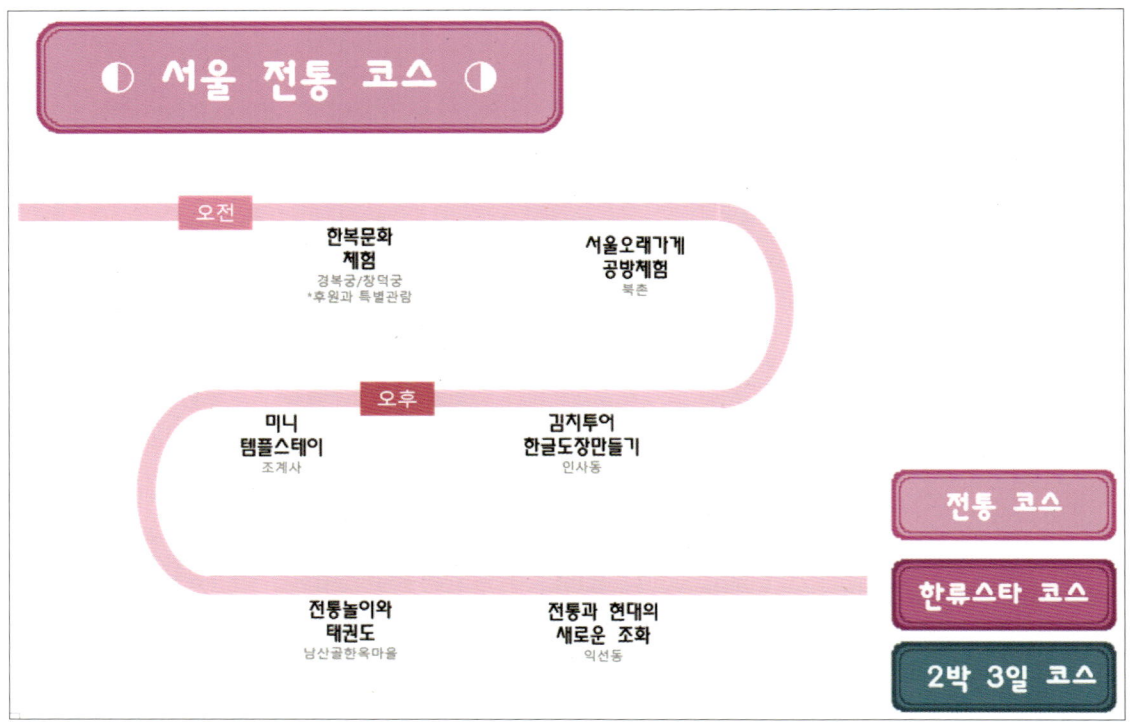

1. 1페이지의 '☾ 서울 전통 코스 ☽' 글상자를 선택하고 Ctrl + C 를 누른 후 2페이지로 이동하여 Ctrl + V 를 눌러 붙여 넣습니다.

2. [입력] 탭-[그림()]을 클릭한 후 '서울전통코스.png' 그림을 삽입합니다.

3. '☾ 서울 전통 코스 ☽' 글상자를 3개 복사하여 오른쪽 하단으로 이동시킨 후 '전통 코스', '한류스타 코스', '2박 3일 코스'로 각각 내용을 수정하고 글상자 서식을 변경합니다.

4. '☾ 서울 전통 코스 ☽' 글상자 안쪽 맨 앞에 커서를 위치시킨 후 [입력] 탭-[책갈피()]를 클릭하여 [책갈피] 대화상자가 나타나면 책갈피 이름을 확인하고 [넣기] 단추를 클릭합니다.

5. 같은 방법으로 3페이지에 '☾ 서울 한류스타 코스 ☽', 4페이지에 '☾ 서울 2박 3일 코스 ☽'를 만들고 각 글상자에 책갈피를 삽입합니다.

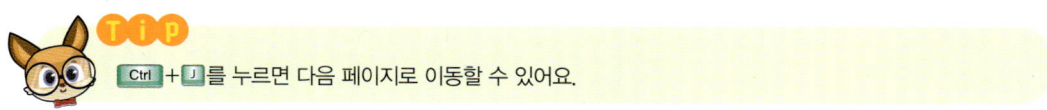

Tip
Ctrl + J 를 누르면 다음 페이지로 이동할 수 있어요.

 **미션 3** 하이퍼링크를 지정해 보아요.

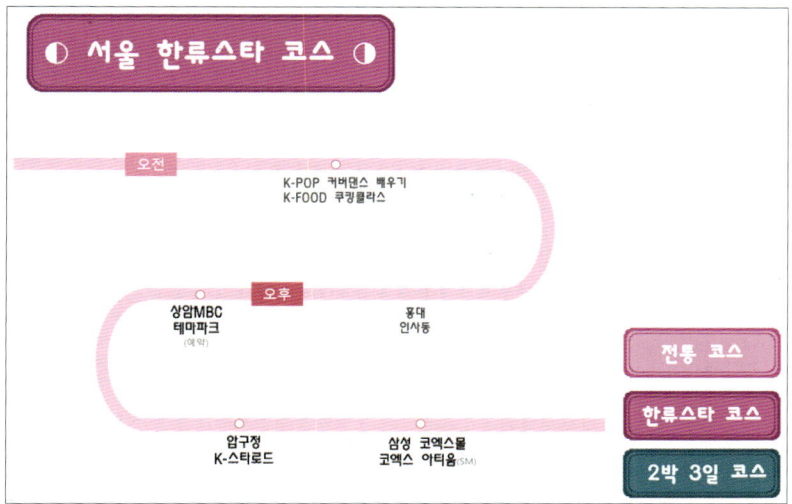

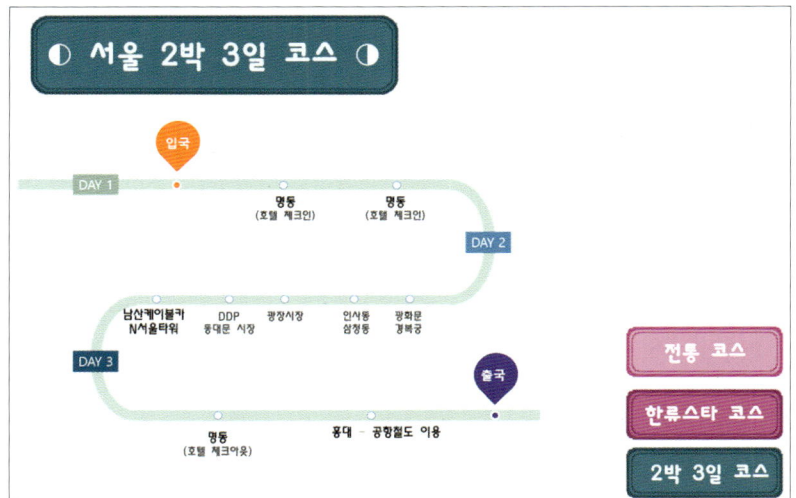

① 1페이지로 이동하여 '◐ 서울 전통 코스 ◑' 글상자를 선택한 후 [입력] 탭-[하이퍼링크(🌐)]를 클릭합니다.

② [하이퍼링크] 대화상자가 나타나면 [연결 대상]-[현재 문서]에서 '◐ 서울 전통 코스 ◑'를 선택한 후 [넣기] 단추를 클릭합니다.

③ 같은 방법으로 '◐ 서울 한류스타 코스 ◑', '◐ 서울 2박 3일 코스 ◑' 글상자에도 하이퍼링크를 지정합니다.

④ 각 글상자를 클릭하면 해당 페이지로 이동하는지 확인합니다.

04 혼자 할 수 있어요!

- 예제 파일 : 04_제철과일_내용.hwp, 봄.jpg, 여름.jpg, 가을.jpg, 겨울.jpg, 봄1~2.png, 여름1~2.png, 가을1~2.png, 겨울1~2.png
- 완성 파일 : 04_제철과일_완성.hwp

01 책갈피와 하이퍼링크 기능을 이용하여 계절별 제철 과일을 소개하는 문서를 완성해 보세요.

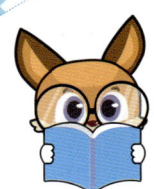

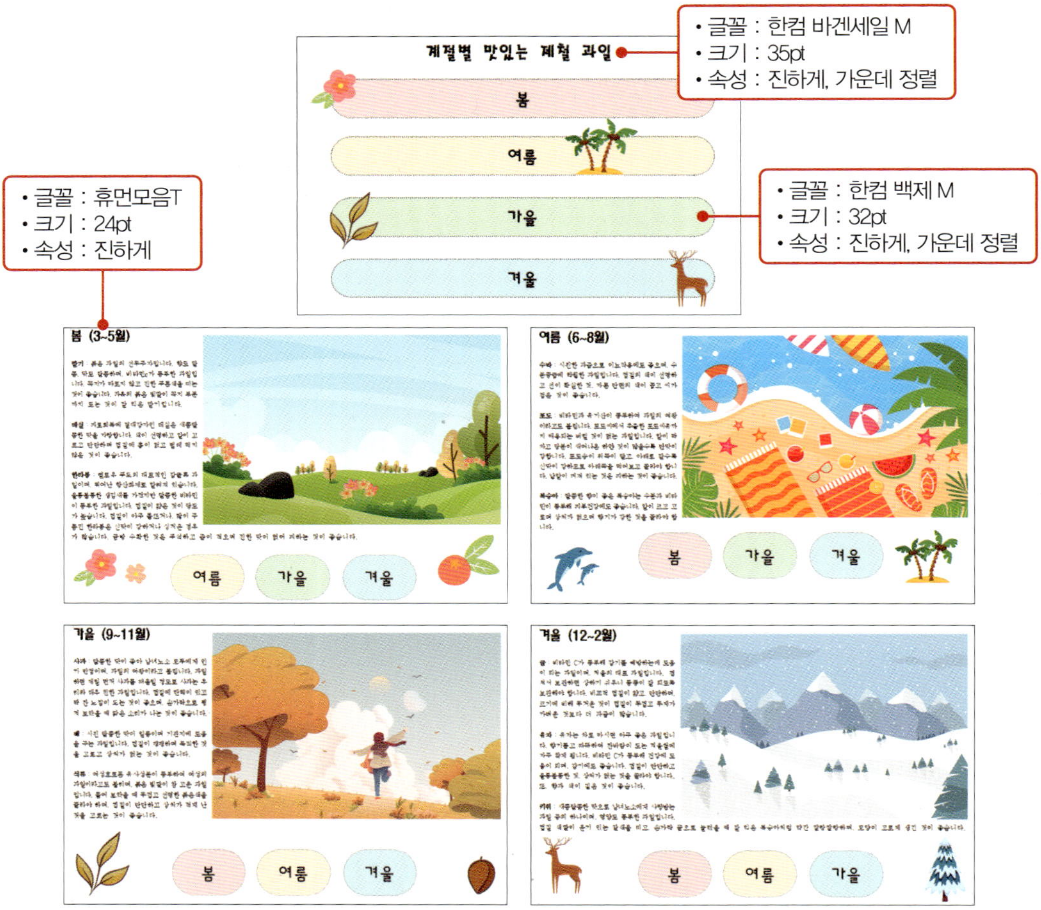

계절별 맛있는 제철 과일
• 글꼴 : 한컴 바겐세일 M
• 크기 : 35pt
• 속성 : 진하게, 가운데 정렬
봄
여름
가을
겨울
• 글꼴 : 한컴 백제 M
• 크기 : 32pt
• 속성 : 진하게, 가운데 정렬
• 글꼴 : 휴먼모음T
• 크기 : 24pt
• 속성 : 진하게
봄 (3~5월)
여름 (6~8월)
가을 (9~11월)
겨울 (12~2월)

Hint

❶ [입력] 탭-[편집 용지( )]-[용지 여백]에서 위쪽, 아래쪽, 왼쪽, 오른쪽 여백 '10mm', 머리말, 꼬리말 여백을 '5mm'로 지정합니다.

❷ 글상자와 그림을 삽입하여 계절 이름을 입력하고 글상자 서식과 글꼴 서식을 지정합니다.

❸ 2~5페이지에 각각 글상자를 삽입하여 각 계절에 대한 설명을 입력하고 그림을 삽입한 후 [입력] 탭-[책갈피( )]를 클릭하여 책갈피 이름을 지정합니다.

❹ 1페이지로 이동하여 각 계절별 글상자를 선택한 후 [입력] 탭-[하이퍼링크( )]를 클릭하고 각 계절 페이지로 이동하도록 하이퍼링크를 지정한 후 결과를 확인합니다.

05 졸업식 초대장 만들기

학습목표

- 쪽 테두리를 설정해요.
- 메일 머지 표시 달기 기능을 이용해요.
- 메일 머지를 만들어요.

▶ 예제 파일 : 학교1.png
▶ 완성 파일 : 05_초대장_완성.hwp, 05_초대명단_완성.hwp

완성작품

해람 초등학교 졸업식 축제 초대장

해람 초등학교 송정희 학생 학부모님.
눈부시고 찬란했던 한해가 지나고 벅찬 희망과 꿈을 향해 달려가는 본교 학생들이 6년간의 교육을 마치고 새로운 출발을 하게 되었습니다. 우리의 마음에 따뜻함과 훈훈함을 느끼고자 학부모님들을 모시고 12월 마지막 주 목요일에 해람초등학교 학생들의 졸업을 맞이하는 졸업식 축제를 개최하려 합니다. 학생들이 열심히 축제를 준비한 만큼 축제에 꼭 참석하시어 자리를 빛내주셨으면 합니다.

◎ 일시
　12월 30일 목요일

◎ 장소
　해람 초등학교 체육관

◎ 일정
　1부 교장 선생님 말씀 및 수상
　2부 졸업 축하 영상 시청
　3부 졸업식 무대

1
송정희
이선정
장우현
김우주
한차은
이현지
강나라
김유리
박찬미
양희정

 **미션 1** 쪽 테두리를 설정해 보아요.

1. [쪽] 탭-[편집 용지]를 클릭하여 [용지 방향]을 가로, [용지 여백]을 위쪽, 아래쪽, 왼쪽, 오른쪽 여백 '10mm', 머리말, 꼬리말 여백 '0mm'로 지정합니다.

2. [쪽] 탭-[쪽 테두리/배경]을 클릭한 후 [테두리]에서 종류를 '이중 실선'으로, 굵기를 '1mm'로, 색을 '주황'으로 설정한 후 '모두'를 클릭합니다.

3. 초대장의 제목과 내용을 입력한 후 글꼴 서식을 지정합니다.

4. [입력] 탭-[그림]을 클릭하여 '학교1.png' 그림을 삽입합니다.

5. [파일] 탭-[저장하기]를 클릭하여 파일 이름을 "초대장"으로 입력한 후 저장합니다.

미션 2 메일 머지 표시를 달아 보아요.

1 송정희 이선정 장우현 김우주 한차은 이현지 강나라 김유리 박찬미 양희정	
<초대명단.hwp>	<초대장.hwp>

① [파일] 탭-[새 문서]를 클릭하고 첫 줄에 "1"을 입력한 후 초대 명단을 차례대로 입력합니다.

② [파일] 탭-[저장하기]를 클릭하여 파일 이름을 "초대명단"으로 입력한 후 저장합니다.

③ '초대장' 문서로 돌아와 '학생' 글자 앞에 마우스 커서를 위치시킨 후 [도구] 탭-[메일 머지(✉)]-[메일 머지 표시 달기]를 클릭합니다.

④ [메일 머지 표시 달기] 대화상자가 나타나면 [필드 만들기] 탭에서 "1"을 입력한 후 [넣기] 단추를 클릭합니다.

미션 3) 메일 머지를 만들어 보아요.

해람 초등학교 졸업식 축제 초대장

해람 초등학교 송정희 학생 학부모님,
눈부시고 찬란했던 한해가 지나고 벅찬 희망과 꿈을 향해 달려가는 본교 학생들이 6년간의 교육을 마치고 새로운 출발을 하게 되었습니다. 우리의 마음에 따뜻함과 훈훈함을 느끼고자 학부모님들을 모시고 12월 마지막 주 목요일에 해람초등학교 학생들의 졸업을 맞이하는 졸업식 축제를 개최하려 합니다. 학생들이 열심히 축제를 준비한 만큼 축제에 꼭 참석하시어 자리를 빛내주셨으면 합니다.

◎ 일시
   12월 30일 목요일

◎ 장소
   해람 초등학교 체육관

◎ 일정
   1부 교장 선생님 말씀 및 수상
   2부 졸업 축하 영상 시청
   3부 졸업식 무대

해람 초등학교 졸업식 축제 초대장

해람 초등학교 장우현 학생 학부모님,
눈부시고 찬란했던 한해가 지나고 벅찬 희망과 꿈을 향해 달려가는 본교 학생들이 6년간의 교육을 마치고 새로운 출발을 하게 되었습니다. 우리의 마음에 따뜻함과 훈훈함을 느끼고자 학부모님들을 모시고 12월 마지막 주 목요일에 해람초등학교 학생들의 졸업을 맞이하는 졸업식 축제를 개최하려 합니다. 학생들이 열심히 축제를 준비한 만큼 축제에 꼭 참석하시어 자리를 빛내주셨으면 합니다.

◎ 일시
   12월 30일 목요일

◎ 장소
   해람 초등학교 체육관

◎ 일정
   1부 교장 선생님 말씀 및 수상
   2부 졸업 축하 영상 시청
   3부 졸업식 무대

1. [도구] 탭-[메일 머지(✉)]-[메일 머지 만들기]를 클릭합니다.

2. [메일 머지 만들기] 대화상자가 나타나면 [자료 종류]에서 '훈글 파일'을 선택한 후 [파일 선택(📁)]을 클릭합니다.

3. [한글 파일 불러오기] 대화상자가 나타나면 '초대명단.hwp' 파일을 선택한 후 [열기] 단추를 클릭합니다.

4. [출력 방향]에서 '화면'을 선택한 후 [확인] 단추를 클릭합니다.

5. [미리 보기] 화면이 나타나면 Page Down 을 눌러 다음 쪽의 초대 명단을 확인합니다.

05   혼자 할 수 있어요!

• 예제 파일 : 휘장.png
• 완성 파일 : 05_상장_완성.hwp, 05_수상자_완성.hwp

01 쪽 테두리와 메일 머지 기능을 이용하여 타자 경진 대회 상장을 완성해 보세요.

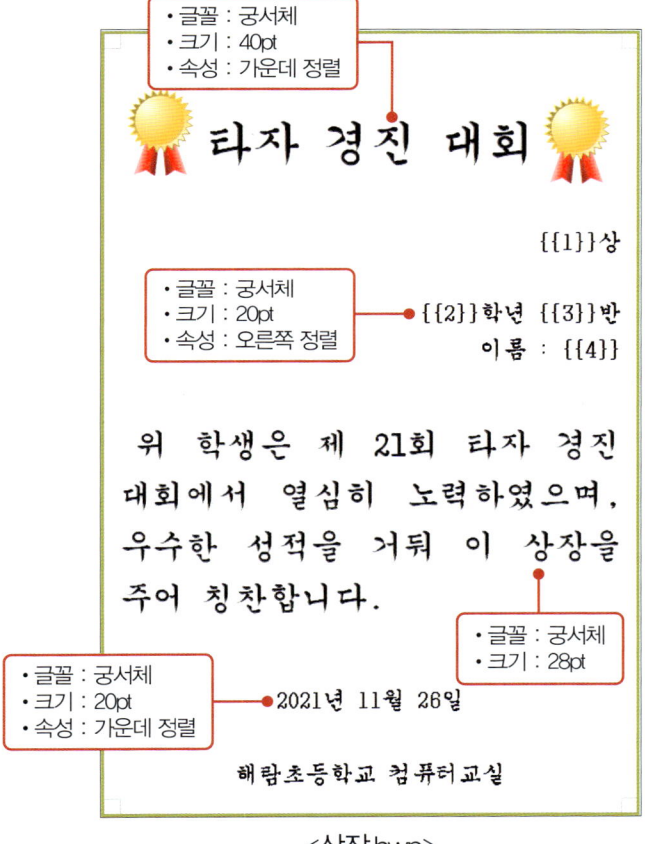

<상장.hwp>

```
4
번개
4
3
차연우
스피드
3
6
현서희
프로타자
5
2
정성은
타자왕
6
1
정은지
```

<수상자.hwp>

Hint

❶ [쪽] 탭-[쪽 테두리/배경(□)]을 클릭하여 테두리 서식을 지정합니다.
❷ 내용을 입력한 후 그림을 삽입하고 '상', '학년', '반', '이름'에 마우스 커서를 위치시킨 후 [도구] 탭-[메일 머지(✉)]-[메일 머지 표시 달기]를 클릭하여 메일 머지 표시를 답니다.
❸ [파일] 탭-[저장하기]를 클릭하여 '상장'으로 저장합니다.
❹ [파일] 탭-[새 문서]를 클릭하여 수상자 명단을 작성한 후 '수상자'로 저장합니다.
❺ '상장' 문서에서 [도구] 탭-[메일 머지(✉)]-[메일 머지 만들기]를 클릭하여 '수상자.hwp' 파일을 불러옵니다.
❻ 메일 머지가 실행되면 화면으로 결과를 확인한 후 상장을 인쇄합니다.

06 컴퓨터 교실 신문 만들기

학 습 목 표

- 다단 설정 기능을 이용하여 다단을 나누어요.
- 문단 첫 글자 장식을 설정해요.
- 차트를 삽입해요.

▶ 예제 파일 : 컴퓨터수업.jpg
▶ 완성 파일 : 06_컴퓨터교실신문_완성.hwp

완성작품

퓨터교실은 우리 학교에서 2층에 위치하고 컴퓨터가 무려 40대나 있어요. 예쁜 선생님과 재미있는 교재로 열심히 공부하고 있어요.
교실에 들어오면 타자 연습을 먼저 한 후 교재 진도를 나가고 있어요.
항상 웃음이 피어나는 컴퓨터교실이 제일 좋아요.

◎ 급훈 : 매일 타자연습 10분이 번개 손 만든다.

☆ 자격증 합격자 ☆

학년/ 반	이 름	자 격 증	등 급
3-3	이경아	DIAT 워드프로세서	중급
4-3	민하경	ITQ 파워포인트	A
5-1	유현석	ITQ 엑셀	B
6-5	강은정	GTQ 포토샵	3급

합격자 모두 축하합니다~^^

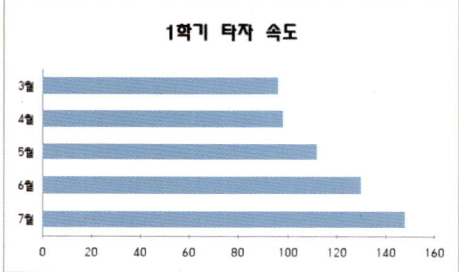

◆ **학년별 타자왕**
1학년 3반 도희야 153타
2학년 2반 강희찬 195타
3학년 1반 박현지 237타
4학년 3반 이하연 281타
5학년 6반 김아정 345타
6학년 2반 한아름 385타

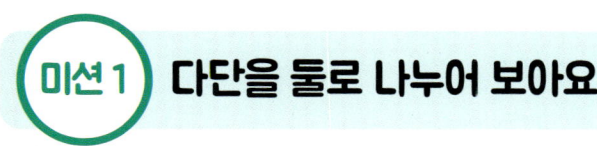 **다단을 둘로 나누어 보아요.**

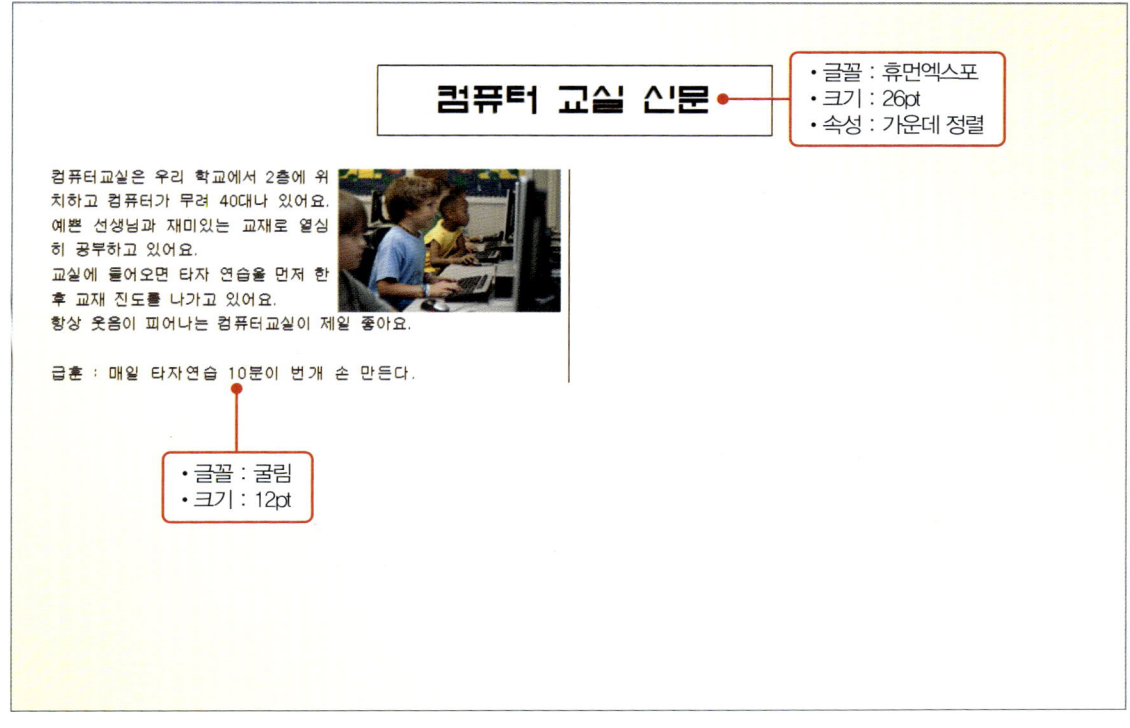

1. [쪽] 탭-[편집 용지]를 클릭하여 [용지 방향]을 '가로', [용지 여백]을 위쪽, 아래쪽, 왼쪽, 오른쪽 여백 '10mm', 머리말, 꼬리말 여백 '0mm'로 지정합니다.

2. [쪽] 탭-[쪽 테두리/배경]을 클릭하여 [쪽 테두리/배경] 대화상자가 나타나면 [배경] 탭-[채우기]-[그러데이션]을 클릭한 후 시작 색(하양), 끝 색(노랑), 유형(왼쪽 대각선)을 지정합니다.

3. [입력] 탭-[가로 글상자]를 삽입한 후 내용을 입력하고 글상자 서식과 글꼴 서식을 지정한 후 Enter 를 클릭하여 글상자 아랫줄로 이동합니다.

4. [쪽] 탭-[다단 설정]을 클릭하여 [단 설정] 대화상자가 나타나면 [자주 쓰이는 모양]을 '둘', [적용 범위]를 '새 다단으로'로 지정합니다.

5. '구분선 넣기'에 체크하고 구분선의 종류, 굵기, 색을 지정한 후 [설정] 단추를 클릭합니다.

6. 내용을 입력하고 글꼴 서식을 지정한 후 그림을 삽입합니다.

 **문단 첫 글자 장식을 설정해 보아요.**

① 입력한 내용 중 '컴' 글자 앞에 마우스 커서를 위치시키고 [서식] 탭 목록 단추(▼)-[문단 첫 글자 장식]을 클릭하여 [문단 첫 글자 장식] 대화상자가 나타나면 [모양]에서 '2줄'을 선택하고 면 색을 '노랑'으로 선택한 후 [설정] 단추를 클릭합니다.

② '급훈' 글자 앞에 마우스 커서를 위치시키고 Ctrl + F10 을 눌러 [문자표 입력] 대화상자가 나타나면 원하는 문자표를 선택하여 삽입합니다.

③ '자격증 합격자' 다음 줄에 마우스 커서를 위치시키고 [입력] 탭-[표(⊞)]를 클릭하여 줄 수 : '5', 칸 수 : '4'의 표를 삽입합니다.

④ 표가 삽입되면 내용을 입력하고 글꼴 서식을 지정합니다.

⑤ 표의 1행을 드래그하여 마우스 오른쪽 단추를 클릭하고 [셀 테두리/배경]-[각 셀마다 적용]을 클릭한 후 [테두리] 탭에서 테두리 종류를 지정하고 [배경] 탭에서 면 색을 지정합니다.

미션 3 : 차트를 삽입해 보아요.

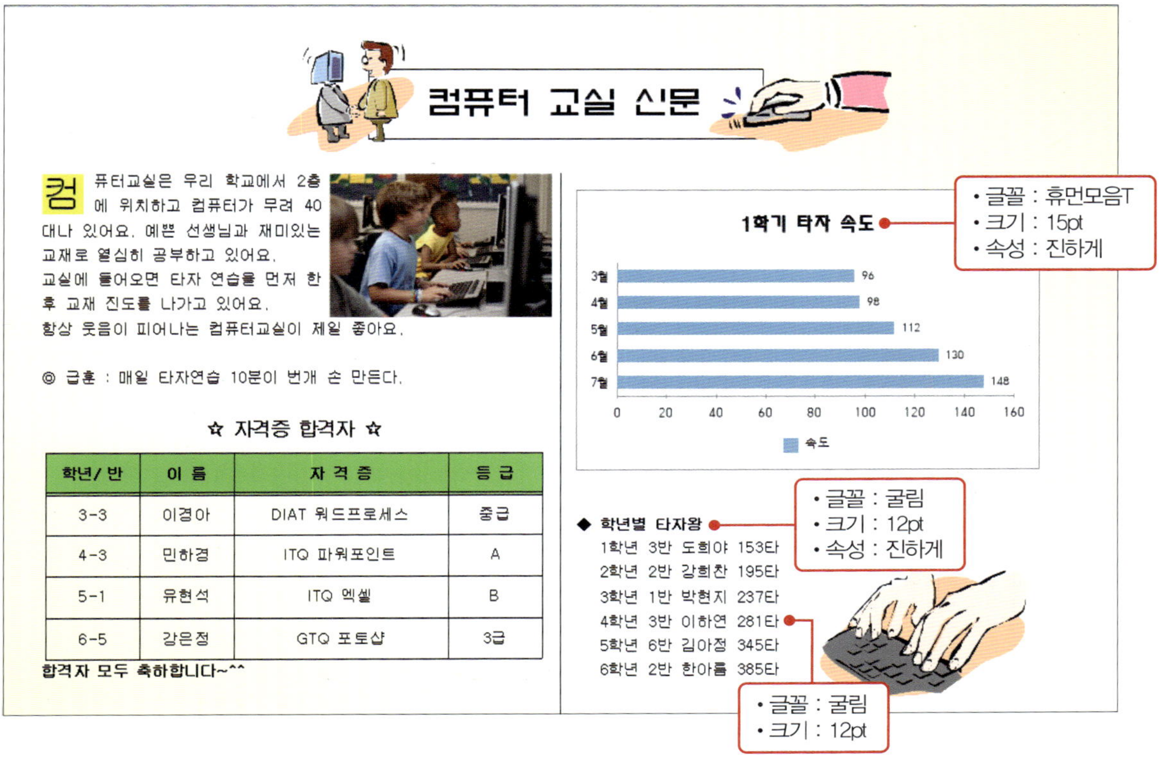

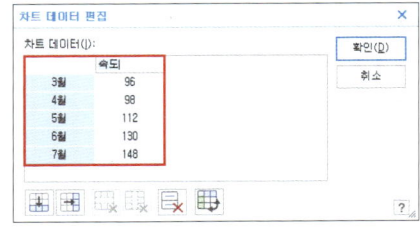

1. [입력] 탭-[차트(📊)]를 클릭한 후 차트가 삽입되면 차트 그래프를 마우스 오른쪽 단추로 클릭하고 [차트 데이터 편집]을 클릭합니다.

2. [차트 데이터 편집] 대화상자가 나타나면 데이터를 입력한 후 [확인] 단추를 클릭합니다.

3. 다시 차트 위에서 마우스 오른쪽 단추를 클릭한 후 [차트 마법사]를 클릭하여 [표준 종류] 탭에서 '묶은 가로 막대형'을 선택하고 [다음] 단추를 클릭합니다.

4. [방향 설정] 탭에서 방향을 '열'로 선택한 후 [다음] 단추를 클릭합니다.

5. [제목] 탭에서 차트 제목을 "1학기 타자 속도"로 입력하고 [범례] 탭에서 '아래쪽', [데이터 레이블] 탭에서 '값'을 선택한 후 [확인] 단추를 클릭합니다.

6. 차트 제목을 더블클릭하여 [제목 모양] 대화상자가 나타나면 [글자] 탭에서 글꼴 서식을 지정한 후 [설정] 단추를 클릭합니다.

7. 차트 아래에 내용을 입력한 후 [입력] 탭-[그리기마당(🖼)]을 클릭하여 그림을 삽입합니다.

06   혼자 할 수 있어요!

• 완성 파일 : 06_낱말퍼즐_완성.hwp

01 다단 설정을 이용하여 가로 세로 낱말 퍼즐을 완성해 보세요.

- 글꼴 : HY얇은샘물M
- 크기 : 25pt
- 속성 : 진하게

- 글꼴 : 휴먼둥근헤드라인
- 크기 : 26pt
- 속성 : 가운데 정렬

- 글꼴 : 함초롬바탕
- 크기 : 10pt

- 글꼴 : 휴먼매직체
- 글맵시 모양 : 위로 넓은 원통(▃)

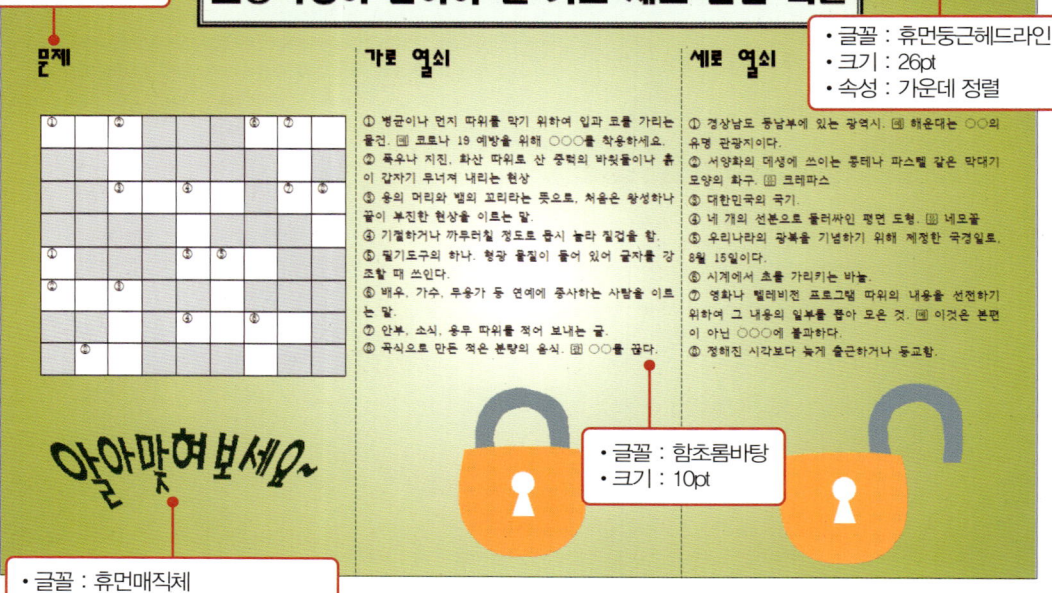

Hint

❶ [쪽] 탭-[편집 용지(🗐)]에서 [용지 방향]을 '가로', [용지 여백]을 위쪽, 아래쪽, 왼쪽, 오른쪽 여백 '10mm', 머리말, 꼬리말 여백 '0mm'로 지정합니다.

❷ [쪽] 탭-[쪽 테두리/배경(🗐)]-[배경] 탭에서 그러데이션을 지정합니다.

❸ [쪽] 탭-[다단 설정(▦)]에서 단 개수를 '3'으로 설정하고 '구분선 넣기'에 체크한 후 구분선 종류와 굵기, 색을 지정합니다.

❹ 글상자를 삽입한 후 글상자 서식과 글꼴 서식을 지정합니다.

❺ 줄 수 : '8', 칸 수 : '8'인 표를 삽입한 후 문자표의 '전각기호(원)'에서 알맞은 문자표를 삽입합니다.

❻ 표 전체를 블록 지정한 후 [표] 탭-[표/셀 속성(🗐)]-[셀] 탭에서 '세로 정렬 : 위'를 선택합니다.

❼ 글자가 입력될 칸과 글자가 입력되지 않을 칸을 각각 선택한 후 [표] 탭-[셀 배경 색(🗐)]에서 색을 지정합니다.

❽ 글맵시를 삽입한 후 Enter 를 이용하여 다음 단에 문제 내용을 입력합니다.

❾ [입력] 탭-[그리기마당(🗐)]에서 그림을 삽입합니다.

 34 컴선생 여우님 최고작품집

07 눈사람 스티커 만들기

학습목표

- 도형을 삽입하고 채우기 색과 윤곽선 색을 변경해요.
- 회전 조절점을 이용하여 도형을 회전시켜요.
- 도형에 다른 채우기 색을 지정해요.

▶ 완성 파일 : 07_눈사람스티커_완성.pptx

완성작품

미션 1 스티커 배경을 만들어 보아요.

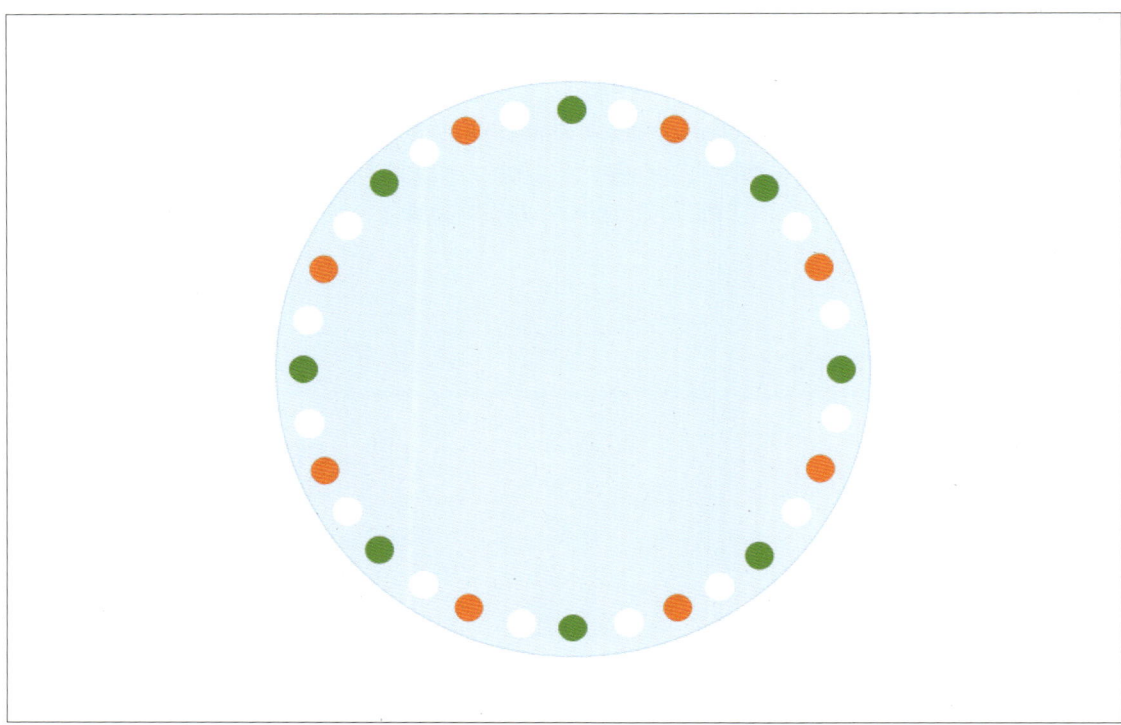

① [홈] 탭-[슬라이드] 그룹-[레이아웃]-[빈 화면] 슬라이드를 선택합니다.

② [삽입] 탭-[일러스트레이션] 그룹-[도형(⬙)]-[타원(◯)]을 선택한 후 드래그하여 삽입합니다.

③ '타원' 도형을 선택한 후 [그리기 도구]-[서식] 탭-[도형 스타일] 그룹-[도형 채우기]에서 '파랑, 강조 1, 80% 더 밝게'를, [도형 윤곽선]에서 '윤곽선 없음'을 선택합니다.

④ [삽입] 탭-[일러스트레이션] 그룹-[도형(⬙)]-[타원(◯)]을 선택한 후 드래그하여 삽입합니다.

⑤ 삽입한 '타원' 도형을 선택한 후 [그리기 도구]-[서식] 탭-[도형 스타일] 그룹-[도형 채우기] 및 [도형 윤곽선]에서 원하는 서식을 지정합니다.

⑥ `Ctrl`을 누른 상태로 '타원' 도형을 드래그하여 복사한 후 도형 서식을 변경합니다.

미션 2 나무를 그려 보아요.

① [삽입] 탭-[일러스트레이션] 그룹-[도형]-[이등변 삼각형(△)]을 선택한 후 드래그하여 삽입합니다.

② '이등변 삼각형' 도형을 선택한 후 [그리기 도구]-[서식] 탭-[도형 스타일] 그룹-[도형 채우기]에서 '녹색, 강조 6, 25% 더 어둡게'를, [도형 윤곽선]에서 '윤곽선 없음'을 선택합니다.

③ Ctrl 을 누른 상태로 '이등변 삼각형' 도형을 드래그하여 복사한 후 위치와 크기를 변경합니다.

④ [삽입] 탭-[일러스트레이션] 그룹-[도형]-[사다리꼴(△)]을 선택한 후 드래그하여 삽입합니다.

⑤ '사다리꼴' 도형을 선택한 후 [그리기 도구]-[서식] 탭-[도형 스타일] 그룹-[도형 채우기]에서 '황금색, 강조 4, 50% 더 어둡게'를, [도형 윤곽선]에서 '윤곽선 없음'을 선택합니다.

⑥ 이어서 [정렬] 그룹-[뒤로 보내기]-[맨 뒤로 보내기]를 클릭합니다.

미션 3 눈사람을 그려 보아요.

① [삽입] 탭-[일러스트레이션] 그룹-[도형(⬇)]-[타원(○)]을 선택하여 도형을 삽입합니다.

② 타원 도형을 클릭한 후 [그리기 도구]-[서식] 탭-[도형 스타일] 그룹-[도형 채우기]에서 '흰색, 배경 1'을, [도형 윤곽선]에서 '윤곽선 없음'을 선택합니다.

③ [삽입] 탭-[일러스트레이션] 그룹-[도형(⬇)]-[모서리가 둥근 직사각형(▢)]을 선택하여 도형을 삽입합니다.

④ '모서리가 둥근 직사각형' 도형을 선택한 후 회전 조절점(◉)을 드래그하여 회전시킵니다.

⑤ '모서리가 둥근 직사각형' 도형을 선택한 후 [홈] 탭-[그리기] 그룹-[도형 채우기]-[다른 채우기 색]을 클릭하여 [색] 대화상자가 나타나면 [사용자 지정] 탭을 클릭한 후 원하는 색을 선택하여 도형에 다른 색을 지정합니다.

⑥ 앞서 배운 내용을 참고하여 눈사람을 만들어 봅니다.

  혼자 할 수 있어요!

• 완성 파일 : 07_할로윈스티커_완성.pptx

01 도형을 삽입하고 도형 채우기와 도형 윤곽선을 이용하여 할로윈 스티커를 완성해 보세요.

Hint

❶ '타원(○)' 도형을 삽입한 후 [도형 채우기] 및 [도형 윤곽선]을 지정합니다.
❷ '육각형(⬡)', '직사각형(▭)' 도형을 삽입한 후 [도형 채우기] 및 [도형 윤곽선]을 지정하여 '관' 모양을 그립니다.
❸ '타원(○)', '이등변 삼각형(△)', '순서도: 저장 데이터(▱)', '모서리가 둥근 직사각형(▢)' 도형을 삽입한 후 [도형 채우기] 및 [도형 윤곽선]을 지정하여 '마녀 모자' 모양을 그립니다.
❹ '타원(○)', '사다리꼴(⏢)' 도형을 삽입한 후 [도형 채우기] 및 [도형 윤곽선]을 지정하여 '호박' 모양을 그립니다.
❺ '직각 삼각형(◿)', '이등변 삼각형(△)', '달(☾)' 도형을 삽입한 후 [도형 채우기] 및 [도형 윤곽선]을 지정하여 호박의 표정을 그립니다.

 **Tip**

'호박'의 입 모양은 '달'과 '이등변 삼각형' 도형을 이용해 표현해 보세요.

08 제주도 여행 보고서

학습목표

- 슬라이드 테마를 지정해요.
- 새로운 슬라이드를 삽입해요.
- 그림을 삽입하고 스타일을 지정해요.

▶ 예제 파일 : 성산일출봉.png, 제주도1~9.png, 주상절리.png, 천지연폭포.png
▶ 완성 파일 : 08_제주도여행_완성.pptx

완성작품

천지연 폭포

- 안산암으로 이루어진 기암 절벽에서 세찬 폭수가 떨어지는 곳입지다.
- 폭포 밑대는 뛰어난 계곡미로도 제주에서 손꼽히는 곳입니다.
- 이 계곡에는 아열대성·난대성의 각종 상록수과 양치식물 등이 밀생하는 울창한 숲을 이룹니다.

성산 일출봉

- 제주특별자치도 동쪽에 돌출한 성산반도 끝머리에 있습니다.
- 증기 폭발에 때 분출된 화산인 성산봉은 커다란 사발모양의 행행한 분화구가 섬 전체에 걸쳐 있습니다.
- 3면이 깎아지른 듯한 해식애를 이루며, 분화구 치는 99개의 바위 봉우리가 빙 둘러 서 있다.
- 모양이 거대한 성과 같다 하여 성산이라 하며, 해돋이가 유명하여 일출봉이라 합니다.

주상절리

- 주상 절리는 단면의 모양이 4~6각형의 긴 기둥 모양을 이루는 절리를 말합니다.
- 화산에서 분출한 용암이 지표면에 흘러내리면서 식게 되는데 이때 식는 과정에서 규칙적인 균열이 생겨 형성됩니다.
- 용암이 식는 속도와 방향에 따라 주상절리의 모양과 크기가 결정된다.
- 주로 화산 지대에서 만들어지기 때문에 화산 암질 현무암에서 주상 절리가 많이 나타납니다.

 **테마를 지정하고 새 슬라이드를 삽입해 보아요.**

① [디자인] 탭-[테마] 그룹-[배지]를 선택하여 슬라이드 테마를 적용합니다.

② 제목과 부제목을 입력한 후 글꼴 서식을 지정합니다.

③ [삽입] 탭-[이미지] 그룹-[그림(🖼)]을 클릭한 후 '제주도1.png', '제주도2.png' 그림을 선택하고 [삽입] 단추를 클릭합니다.

④ 그림이 삽입되면 조절점을 드래그하여 크기를 조절한 후 위치를 이동시킵니다.

⑤ [홈] 탭-[슬라이드] 그룹-[새 슬라이드(🗇)]-[콘텐츠 2개]를 클릭하여 슬라이드를 추가합니다.

 **그림을 삽입하고 그림 스타일을 지정해 보아요.**

❶ 추가된 슬라이드를 선택하고 제목에 "천지연 폭포"를 입력한 후 글꼴 서식을 지정합니다.

❷ 슬라이드의 그림 아이콘(📷)을 클릭한 후 '천지연 폭포.png' 그림을 선택하고 [삽입] 단추를 클릭합니다.

❸ 삽입된 그림을 선택한 후 [그림 도구]-[서식] 탭-[그림 스타일] 그룹-[입체 무광택, 흰색]을 클릭합니다.

❹ 내용 입력 상자에 내용을 입력한 후 글꼴 서식을 지정합니다.

❺ [삽입] 탭-[이미지] 그룹-[그림(📷)]을 클릭하여 '제주도4.png'~'제주도6.png' 그림을 삽입한 후 회전 조절점(⟳)을 드래그하여 회전시키고 크기와 위치를 조절합니다.

 **미션 3** 새 슬라이드를 삽입하여 문서를 완성해 보아요.

① [홈] 탭-[슬라이드] 그룹-[새 슬라이드()]-[콘텐츠 2개]를 클릭하여 세 번째 슬라이드를 추가합니다.

② 제목을 입력한 후 글꼴 서식을 지정합니다.

③ 슬라이드의 그림 아이콘(□)을 클릭한 후 '성산일출봉.png' 그림을 선택하고 [삽입] 단추를 클릭합니다.

④ 삽입된 그림을 선택한 후 [그림 도구]-[서식] 탭-[그림 스타일]에서 원하는 스타일을 지정합니다.

⑤ 내용 입력 상자에 내용을 입력한 후 글꼴 서식을 지정합니다.

⑥ [삽입] 탭-[이미지] 그룹-[그림(□)]을 클릭하여 원하는 그림을 삽입한 후 회전 조절점(◎)을 드래그하여 회전시키고 크기와 위치를 조절합니다.

⑦ 같은 방법으로 네 번째 슬라이드를 추가하여 제주도 여행 보고서를 완성합니다.

08 혼자 할 수 있어요!

• 예제 파일 : 할로윈.png, 유령.png, 호박.png, 미이라.png
• 완성 파일 : 08_할로윈_완성.pptx

01 테마를 지정하고 슬라이드를 추가하여 할로윈 페스티벌 홍보 안내문을 완성해 보세요.

- 글꼴 : 휴먼매직체
- 크기 : 44
- 속성 : 굵게, 텍스트 그림자

- 글꼴 : 휴먼매직체
- 크기 : 70
- 속성 : 굵게

- 글꼴 : 휴먼매직체
- 크기 : 20
- 속성 : 가운데 맞춤

- 글꼴 : 휴먼매직체
- 크기 : 19
- 속성 : 가운데 맞춤

Hint

❶ [디자인] 탭-[사용자 지정] 그룹-[슬라이드 크기(🗔)]-[세로]를 지정한 후 슬라이드 테마를 '비행기 구름'으로 지정합니다.
❷ [삽입] 탭-[이미지] 그룹-[그림(🖼)]을 클릭하여 그림을 삽입한 후 [제목 입력란]과 [부제목 입력란]에 내용을 입력하고 글꼴 서식을 지정합니다.
❸ [삽입] 탭-[일러스트레이션] 그룹-[도형(🗗)]-[타원(◯)] 도형을 삽입하여 내용을 입력한 후 원하는 도형 서식을 지정합니다.
❹ [홈] 탭-[슬라이드] 그룹-[새 슬라이드(🗖)]-[빈 화면]을 클릭하여 슬라이드를 추가합니다.
❺ [삽입] 탭-[일러스트레이션] 그룹-[도형(🗗)]-[가로 텍스트 상자(🗐)]를 삽입하여 내용을 입력하고 글꼴 서식을 지정합니다.
❻ [삽입] 탭-[이미지] 그룹-[그림(🖼)]을 클릭하여 그림을 삽입하고 [일러스트레이션] 그룹-[도형(🗗)]-[이중 물결(🗋)] 도형을 삽입한 후 원하는 글꼴 서식과 도형 서식을 지정합니다.

09 체험학습 설문조사

학습목표

- 워드아트로 글자를 꾸며요.
- 표를 삽입하고 표 스타일을 변경해요.
- 차트를 삽입하고 차트 종류를 변경해요.

▶ 완성 파일 : 09_체험학습_완성.pptx

완성작품

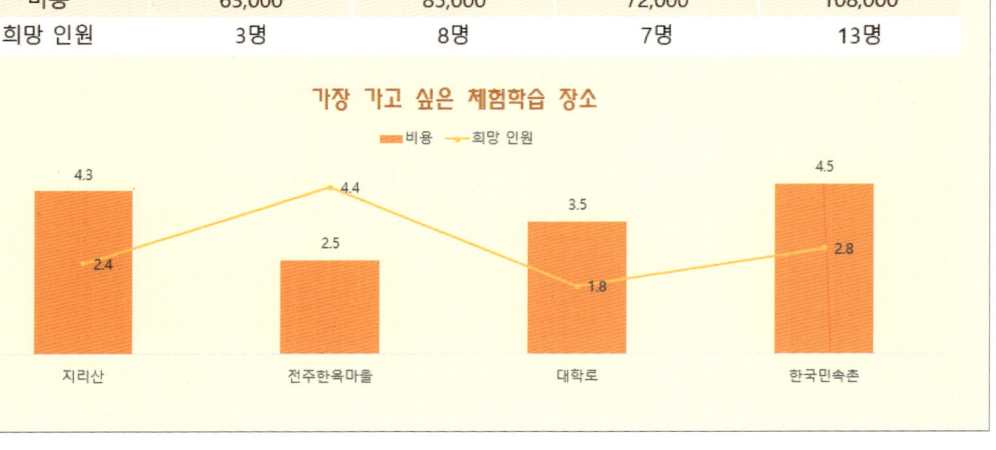

미션 1 표를 삽입하고 표 스타일을 변경해 보아요.

• 글꼴 : MD개성체
• 크기 : 60
• 속성 : 가운데 맞춤

가장 가고 싶은 체험학습 장소는?

장소	지리산	전주한옥마을	대학로	한국민속촌
비용	63,000	85,000	72,000	108,000
희망 인원	3명	8명	7명	13명

• 글꼴 : 맑은 고딕
• 크기 : 18
• 속성 : 가운데 맞춤

① [홈] 탭-[슬라이드] 그룹-[레이아웃]-[빈 화면] 슬라이드를 적용합니다.

② [삽입] 탭-[텍스트] 그룹-[WordArt(가)]-[채우기 - 황금색, 강조 4, 부드러운 입체]를 클릭한 후 "가장 가고 싶은 체험학습 장소는?"을 입력하고 글꼴 서식을 지정합니다.

③ 워드아트 글상자를 선택한 후 [그리기 도구]-[서식] 탭-[WordArt 스타일] 그룹-[텍스트 효과]-[반사]-[근접 반사, 터치]를 선택합니다.

④ [삽입] 탭-[표] 그룹-[표(▥)]를 클릭한 후 마우스를 드래그하여 5×3 표를 삽입하고 크기와 위치를 조절합니다.

⑤ 표를 선택한 후 [표 도구]-[디자인] 탭-[표 스타일] 그룹-[보통 스타일 2 - 강조 4]를 선택합니다.

⑥ 표에 내용을 입력한 후 글꼴 서식을 지정합니다.

⑦ 슬라이드 영역에서 마우스 오른쪽 단추를 클릭한 후 [배경 서식]을 클릭하여 [배경 서식] 창이 나타나면 [채우기]-[단색 채우기]-[색]-[황금색, 강조 4, 80% 더 밝게]를 선택합니다.

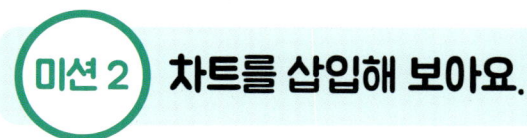 **차트를 삽입해 보아요.**

[이미지: Microsoft PowerPoint의 차트 엑셀 창]

	A	B	C
1		비용	희망 인원
2	지리산	4.3	2.4
3	전주한옥마을	2.5	4.4
4	대학로	3.5	1.8
5	한국민속촌	4.5	2.8

❶ [삽입] 탭-[일러스트레이션] 그룹-[차트(📊)]를 클릭하여 [차트 삽입] 대화상자가 나타나면 [세로 막대형]-[묶은 세로 막대형]을 선택한 후 [확인] 단추를 클릭합니다.

❷ 엑셀 창이 나타나면 '항목1'~'항목4'를 각각 '지리산', '전주한옥마을', '대학로', '한국민속촌'으로 변경하고 '계열1', '계열2'를 각각 '비용'과 '희망 인원'으로 변경합니다.

❸ 불필요한 계열을 삭제하기 위해 [D]열을 마우스 오른쪽 단추로 클릭한 후 [삭제]를 클릭합니다.

❹ 엑셀 창의 [닫기(❌)] 단추를 클릭하여 슬라이드에 해당 차트가 삽입된 것을 확인합니다.

차트 데이터 범위의 오른쪽 하단 조절점(⬛)을 드래그하여 데이터 범위를 조정할 수도 있어요.

미션 3 차트를 편집해 보아요.

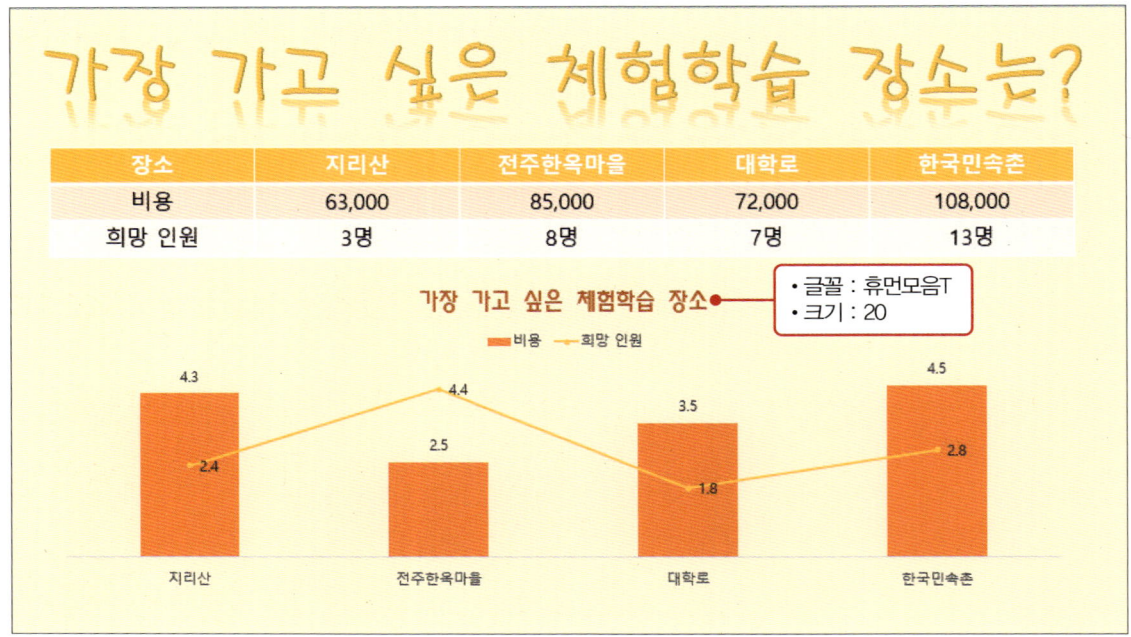

1. 삽입된 차트의 크기와 위치를 조절한 후 [차트 도구]-[디자인] 탭-[종류] 그룹-[차트 종류 변경(📊)]을 클릭합니다.

2. [차트 종류 변경] 대화상자가 나타나면 '콤보'를 선택한 후 '희망 인원'의 차트 종류를 '표식이 있는 꺾은선형'으로 선택하고 '보조축'에 체크한 후 [확인] 단추를 클릭합니다.

3. [차트 도구]-[디자인] 탭-[차트 스타일] 그룹-[색 변경(🎨)]에서 '색 3'을 선택합니다.

4. [차트 도구]-[디자인] 탭-[차트 레이아웃] 그룹-[빠른 레이아웃(📊)]에서 '레이아웃 2'를 선택합니다.

5. [차트 제목]을 "가장 가고 싶은 체험학습 장소"로 입력한 후 글꼴 서식을 지정합니다.

09 혼자 할 수 있어요!

- 예제 파일 : 치킨.png, 피자.png, 햄버거.png
- 완성 파일 : 09_음식_완성.pptx

01 우리 반 친구들이 좋아하는 음식을 조사하여 표와 차트로 만들어 보세요.

- 글꼴 : 휴먼둥근헤드라인
- 크기 : 44

- 글꼴 : 함초롬돋움
- 크기 : 18
- 속성 : 굵게, 기울임꼴, 가운데 맞춤

- 글꼴 : 휴먼매직체
- 크기 : 24

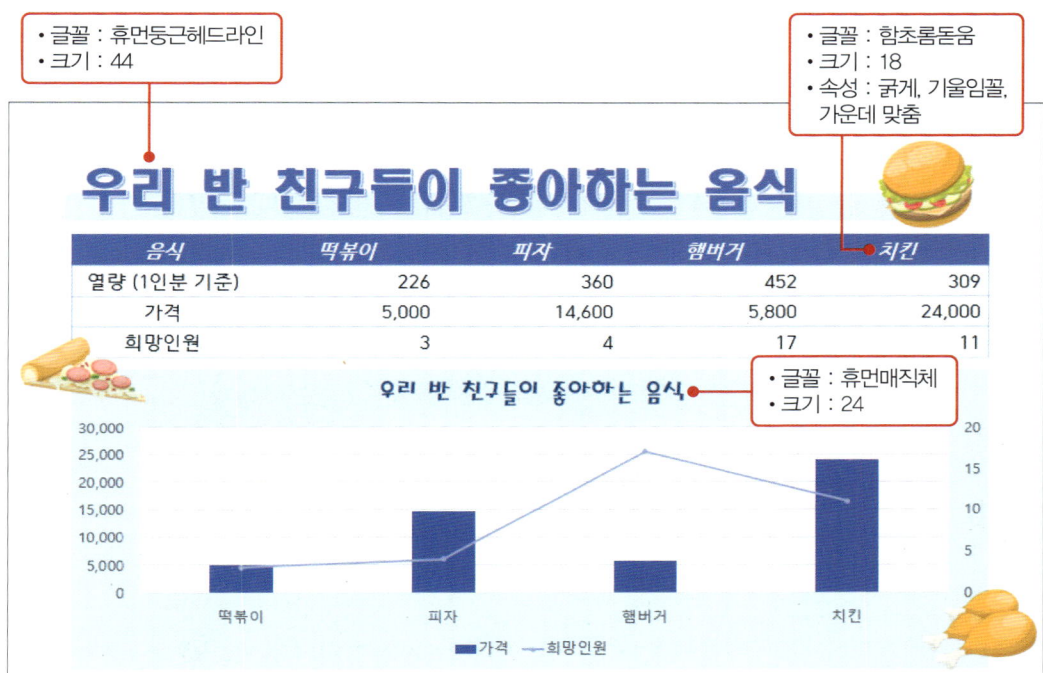

Hint

❶ 슬라이드 레이아웃을 '빈 화면'으로 설정한 후 워드아트를 이용하여 제목을 입력하고 글꼴 서식을 지정합니다.
❷ 도형을 삽입한 후 도형 서식을 지정합니다.
❸ [삽입] 탭-[표] 그룹-[표]를 클릭하여 열 : '5', 행 : '4'의 표를 삽입한 후 크기와 위치를 조절하고 내용을 입력한 후 글꼴 서식을 지정합니다.
❹ 표를 선택한 후 [표 도구]-[디자인] 탭-[표 스타일] 그룹에서 원하는 스타일을 지정합니다.
❺ [삽입] 탭-[일러스트레이션] 그룹-[차트]를 클릭하여 '묶은 세로 막대형'을 선택한 후 데이터를 입력하고 차트를 삽입합니다.
❻ [차트 도구]-[디자인] 탭-[종류] 그룹-[차트 종류 변경]을 클릭하여 차트 종류를 '콤보'로 변경한 후 '희망인원'을 '표식이 있는 꺾은선형', '보조축'으로 지정합니다.
❼ 차트 제목 영역, 그림 영역, 차트 영역에 서식을 지정합니다.
❽ [삽입] 탭-[이미지] 그룹-[그림]을 클릭하여 원하는 그림을 삽입한 후 크기와 위치를 조절합니다.

10 로빈훗의 양궁 실력

학습목표

- 개체에 애니메이션을 지정해요.
- 슬라이드 화면 전환 효과를 지정해요.

▶ 예제 파일 : 로빈훗.png, 화살.png
▶ 완성 파일 : 10_로빈훗_완성.pptx

완성작품

 **첫 번째 슬라이드를 만들어 보아요.**

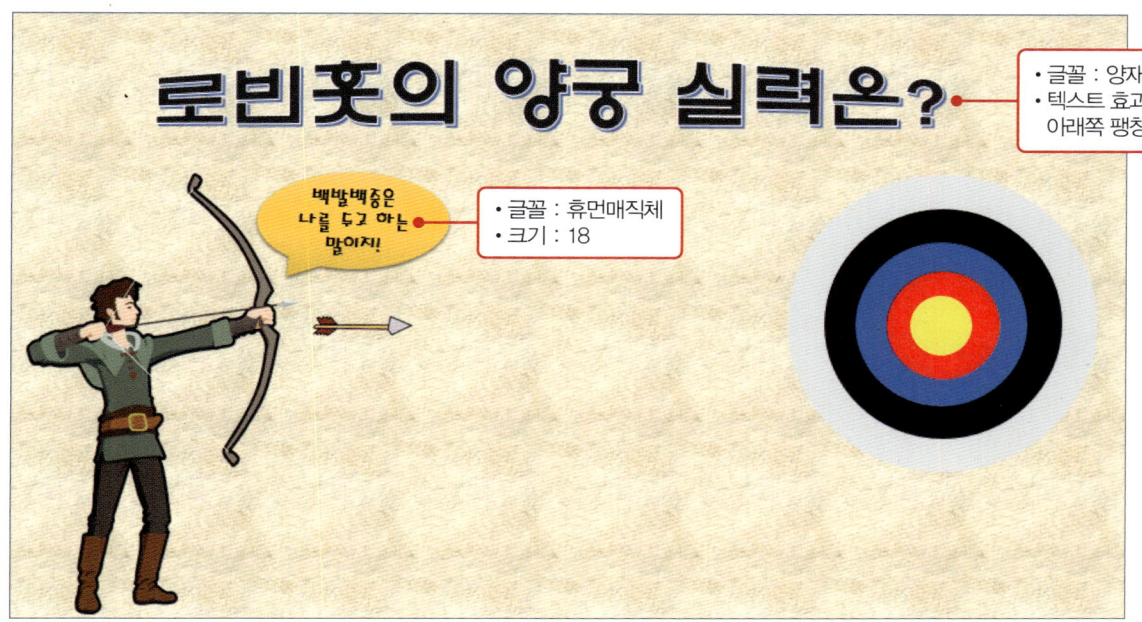

1. '빈 화면' 레이아웃을 적용하고 [삽입] 탭-[텍스트] 그룹-[WordArt(가)]를 클릭한 후 원하는 워드아트를 선택하여 "로빈훗의 양궁 실력은?"을 입력합니다.

2. [삽입] 탭-[일러스트레이션] 그룹-[도형]-[타원(○)] 도형을 삽입하고 도형 서식을 지정한 후 도형을 복사하여 과녁판을 만듭니다.

3. [삽입] 탭-[이미지] 그룹-[그림]을 클릭하여 그림을 삽입합니다.

4. [삽입] 탭-[일러스트레이션] 그룹-[도형]-[타원형 설명선(◯)] 도형을 삽입하고 내용을 입력한 후 도형 서식과 글꼴 서식을 지정합니다.

5. 슬라이드 빈 영역에서 마우스 오른쪽 단추를 클릭한 후 [배경 서식]-[그림 또는 질감 채우기]-[질감]-[편지지]를 선택합니다.

미션 2 애니메이션을 지정해 보아요.

① 제목을 선택하고 [애니메이션] 탭-[애니메이션] 그룹-[나타내기]-[바운드]를 선택합니다.

② 화살을 선택하고 [애니메이션] 탭-[애니메이션] 그룹-[이동 경로]-[선]을 클릭한 후 [효과 옵션]-[방향]-[오른쪽]을 클릭합니다.

③ 화살촉이 노란색 타원 안으로 들어오도록 애니메이션 경로 끝의 화살표 모양을 클릭하면 나타나는 주황색 점을 드래그하여 노란색 타원 안쪽으로 이동시킵니다.

④ [애니메이션] 탭-[타이밍] 그룹에서 재생 시간을 0.8초로 변경합니다.

⑤ [전환] 탭-[슬라이드 화면 전환] 그룹-[화려한 효과]-[블라인드]를 클릭합니다.

⑥ [슬라이드 쇼] 탭-[슬라이드 쇼 시작] 그룹-[처음부터()]를 클릭하여 애니메이션 결과를 확인합니다.

 **미션 3** 두 번째 슬라이드를 만들어 보아요.

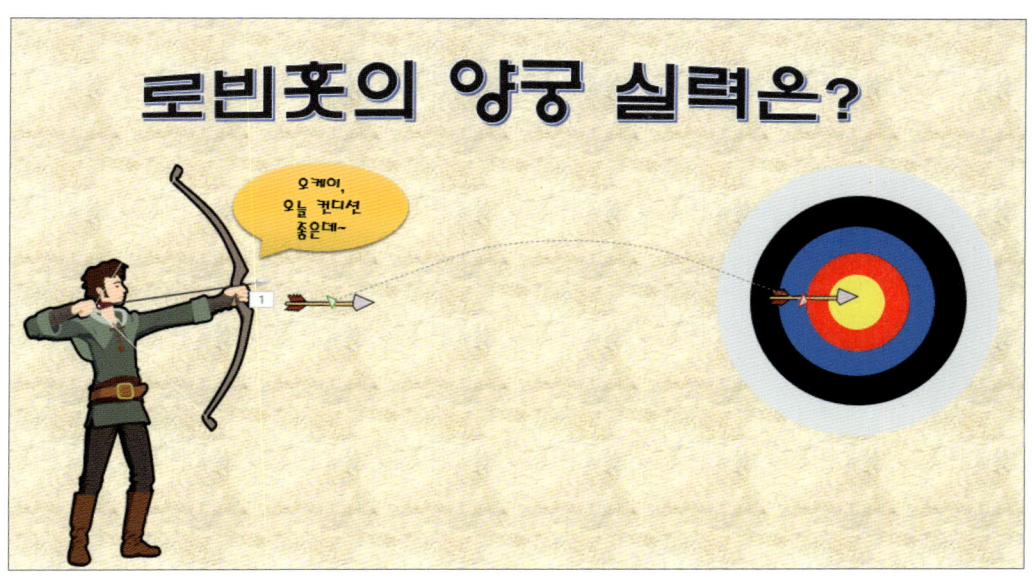

1. 첫 번째 슬라이드를 마우스 오른쪽 단추로 클릭하고 [슬라이드 복제]를 클릭하여 복제한 후 두 번째 슬라이드를 선택합니다.

2. 제목과 화살을 각각 선택한 후 [애니메이션] 탭-[애니메이션] 그룹-[없음]을 클릭하여 적용된 애니메이션을 제거합니다.

3. '타원형 설명선' 도형의 내용을 변경하고 화살표 그림을 복제하여 과녁의 노란색 원 안으로 이동시킵니다.

4. 로빈훗 앞 화살표를 살짝 회전시킨 후 [애니메이션] 탭-[애니메이션] 그룹-[이동 경로]-[타원]을 클릭합니다.

5. [효과 옵션]-[방향]-[위쪽]을 클릭한 후 애니메이션 경로 끝의 화살표 모양을 클릭하면 나타나는 주황색 점을 드래그하여 노란색 타원 안쪽으로 이동시킵니다.

6. [애니메이션] 탭-[타이밍] 그룹에서 재생 시간을 0.8초로 변경합니다.

7. [전환] 탭-[슬라이드 화면 전환] 그룹-[동적 콘텐츠]-[궤도]를 클릭합니다.

8. [슬라이드 쇼] 탭-[슬라이드 쇼] 그룹-[처음부터(🖵)]를 클릭하여 애니메이션 결과를 확인합니다.

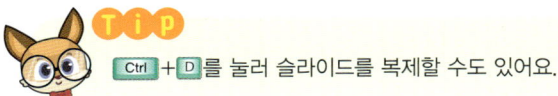

Ctrl + D 를 눌러 슬라이드를 복제할 수도 있어요.

 **세 번째 슬라이드를 만들어 보아요.**

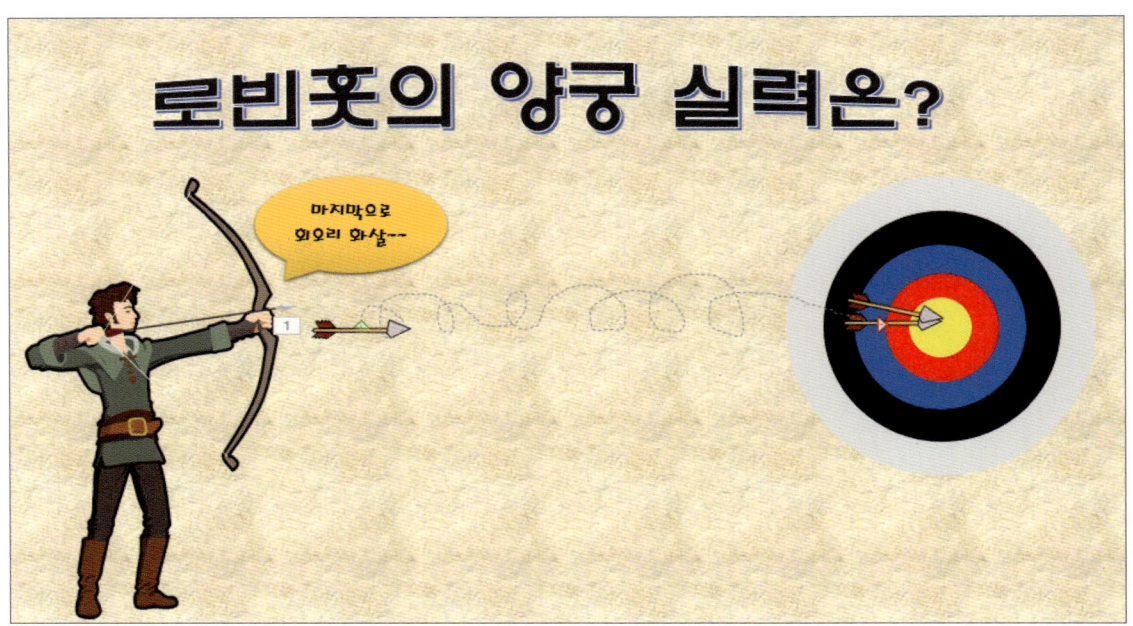

❶ 두 번째 슬라이드를 마우스 오른쪽 단추로 클릭하고 [슬라이드 복제]를 클릭하여 복제한 후 세 번째 슬라이드를 선택합니다.

❷ '타원형 설명선' 도형의 내용을 변경하고 화살표 그림을 복제하여 과녁의 노란색 원 안으로 이동시킵니다.

❸ 로빈훗 앞 화살표를 선택한 후 [애니메이션] 탭-[애니메이션] 그룹-[이동 경로]-[사용자 지정 경로]를 클릭합니다.

❹ [효과 옵션]-[형식]-[자유 곡선]을 클릭한 후 화살이 과녁의 노란색 원 안으로 들어오도록 자유롭게 경로를 그립니다.

❺ [애니메이션] 탭-[타이밍] 그룹에서 재생 시간을 1.0초로 변경합니다.

❻ [전환] 탭-[슬라이드 화면 전환] 그룹-[동적 콘텐츠]-[컨베이어]를 클릭합니다.

❼ [슬라이드 쇼] 탭-[슬라이드 쇼] 그룹-[처음부터(🖳)]를 클릭하여 애니메이션 결과를 확인합니다.

> **Tip**
> 기존 슬라이드 개체에 적용되어 있던 애니메이션 효과는 제거한 후 작업해야 해요.

미션 5 네 번째 슬라이드를 만들어 보아요.

1. 세 번째 슬라이드를 마우스 오른쪽 단추로 클릭하고 [슬라이드 복제]를 클릭하여 복제한 후 네 번째 슬라이드를 선택합니다.

2. '타원형 설명선' 도형의 내용을 변경하고 로빈훗 앞 화살표 그림을 드래그하여 과녁의 노란색 원 안으로 이동시킵니다.

3. '타원형 설명선' 도형을 선택한 후 [애니메이션] 탭-[애니메이션] 그룹-[나타내기]-[회전하며 밝기 변화]를 클릭합니다.

4. [전환] 탭-[슬라이드 화면 전환] 그룹-[은은한 효과]-[깜박이기]를 클릭합니다.

5. [슬라이드 쇼] 탭-[슬라이드 쇼] 그룹-[처음부터]를 클릭하여 애니메이션 결과를 확인합니다.

혼자 할 수 있어요!

• 완성 파일 : 10_완두콩의 성장_완성.pptx

01 애니메이션과 화면 전환 효과를 이용하여 완두콩의 성장 모습을 표현해 보세요.

Hint

❶ '빈 화면' 슬라이드에서 마우스 오른쪽 단추를 클릭하여 [배경 서식]을 클릭한 후 [단색 채우기]-[파랑, 강조 1, 80% 더 밝게]를 지정합니다.

❷ [삽입] 탭-[일러스트레이션] 그룹-[도형(⬚)]에서 '해(☀)', '구름(☁)', '순서도: 지연(▷)' 도형을 삽입하고 크기와 위치를 조절한 후 원하는 서식을 지정합니다.

❸ [삽입] 탭-[이미지] 그룹-[그림(⬚)]에서 '완두콩1.png' 그림을 삽입하고 크기와 위치를 조절합니다.

❹ 슬라이드를 선택한 후 Ctrl + D 를 세 번 눌러 슬라이드 3개를 복제합니다.

❺ 첫 번째 슬라이드에서 '완두콩1.png' 그림을 선택한 후 [애니메이션] 탭-[애니메이션] 그룹-[나타내기]-[바운드]를 선택합니다.

❻ 두 번째 슬라이드를 선택하고 [삽입] 탭-[일러스트레이션] 그룹-[도형(⬚)]에서 '직사각형(□)', '눈물 방울(○)', '자유 곡선(⤴)' 도형을 삽입한 후 크기와 위치를 조절하고 서식을 지정하여 완두콩의 새싹을 만듭니다.

❼ '직사각형(□)', '눈물 방울(○)', '자유 곡선(⤴)' 도형을 모두 선택한 후 [애니메이션] 탭-[애니메이션] 그룹-[나타내기]-[올라오기]를 선택합니다.

❽ 세 번째 슬라이드를 선택한 후 두 번째 슬라이드와 같이 '직사각형(□)', '눈물 방울(○)', '자유 곡선(⤴)' 도형을 삽입하여 완두콩의 새싹을 만든 후 [애니메이션] 탭-[애니메이션] 그룹-[강조]-[크게/작게]를 선택합니다.

❾ 네 번째 슬라이드를 선택하고 세 번째 슬라이드와 같이 '직사각형(□)', '눈물 방울(○)', '자유 곡선(⤴)' 도형을 삽입하여 완두콩의 새싹을 만든 후 [삽입] 탭-[이미지] 그룹-[그림(⬚)]에서 '완두콩2.png' 그림을 삽입합니다.

❿ '완두콩2.png' 그림을 선택한 후 [애니메이션] 탭-[애니메이션] 그룹-[나타내기]-[밝기 변화]를 선택합니다.

11 쿠키 만들기

학습목표

- 소리 파일을 삽입하고 실행 단추를 삽입해요.
- 하이퍼링크를 설정해요.
- 화면 전환 효과를 설정해요.

▶ 예제 파일 : 음악.mp3, 쿠키1~17.png
▶ 완성 파일 : 11_쿠키만들기_완성.pptx

완성작품

미션 1 첫 번째 슬라이드를 만들어 보아요.

1. '제목만' 레이아웃을 선택하고 제목을 입력한 후 글꼴 서식을 지정합니다.

2. [삽입] 탭-[일러스트레이션] 그룹-[도형]-[순서도: 지연] 도형을 삽입하고 크기와 방향, 위치를 조절한 후 원하는 서식을 지정하여 배경을 만듭니다.

3. [삽입] 탭-[일러스트레이션] 그룹-[도형]-[타원] 도형을 삽입하고 내용을 입력한 후 도형 서식과 글꼴 서식을 지정합니다.

4. [삽입] 탭-[이미지] 그룹-[그림]에서 '쿠키1.png'~'쿠키3.png' 그림 파일을 삽입하고 위치를 조절합니다.

5. [삽입] 탭-[미디어] 그룹-[오디오]-[내 PC의 오디오]를 클릭하여 [오디오 삽입] 대화 상자가 나타나면 '음악.mp3' 파일을 삽입한 후 위치를 조절합니다.

6. '음악.mp3' 파일을 선택하고 [오디오 도구]-[재생] 탭-[오디오 옵션] 그룹에서 [시작]을 '자동 실행'으로 선택하고 [모든 슬라이드에서 실행], [쇼 동안 숨기기]에 체크합니다.

7. [삽입] 탭-[일러스트레이션] 그룹-[도형]-[실행 단추: 앞으로 또는 다음] 도형을 삽입하고 [실행 설정] 대화상자가 나타나면 [확인] 단추를 클릭한 후 서식을 지정합니다.

미션 2 두 번째 슬라이드를 만들어 보아요.

1. [홈] 탭-[슬라이드] 그룹-[새 슬라이드(🗐)]-[제목만]을 선택하여 두 번째 슬라이드를 삽입하고 제목을 입력한 후 글꼴 서식을 지정합니다.

2. [삽입] 탭-[일러스트레이션] 그룹-[도형(🔷)]-[오각형(⬠)]을 삽입하고 원하는 서식을 지정합니다.

3. [삽입] 탭-[이미지] 그룹-[그림(🖼)]에서 '쿠키4.png'~'쿠키7.png' 그림 파일을 삽입한 후 위치를 조절합니다.

4. [삽입] 탭-[일러스트레이션] 그룹-[도형(🔷)]-[모서리가 둥근 사각형 설명선(💬)] 도형을 삽입한 후 원하는 서식을 지정합니다.

5. 도형 안에 재료 이름을 입력하고 글꼴 서식을 지정한 후 도형을 복사하여 각 재료의 이름을 입력합니다.

6. [삽입] 탭-[일러스트레이션] 그룹-[도형(🔷)]-[실행 단추: 홈(🏠)] 도형을 삽입하고 [실행 설정] 대화상자가 나타나면 [확인] 단추를 클릭한 후 원하는 서식을 지정합니다.

7. [삽입] 탭-[일러스트레이션] 그룹-[도형(🔷)]-[실행 단추: 앞으로 또는 다음(▶)] 도형을 삽입하고 [실행 설정] 대화상자가 나타나면 [확인] 단추를 클릭한 후 원하는 서식을 지정합니다.

 **미션 3** 세 번째와 네 번째 슬라이드를 만들어 보아요.

① [홈] 탭–[슬라이드] 그룹–[새 슬라이드(📄)]–[제목만]을 선택하여 세 번째 슬라이드를 삽입하고 제목을 입력한 후 글꼴 서식을 지정합니다.

② 두 번째 슬라이드와 같은 방법으로 '오각형(⬠)' 도형을 삽입한 후 원하는 서식을 지정합니다.

③ [삽입] 탭–[이미지] 그룹–[그림(🖼)]에서 '쿠키8.png'~'쿠키14.png' 그림 파일을 삽입하여 위치를 조절하고 [텍스트 상자(🔲)]를 삽입하여 내용을 입력한 후 글꼴 서식을 지정합니다.

④ [삽입] 탭–[일러스트레이션] 그룹–[도형(⬠)]–[실행 단추: 뒤로 또는 이전(◁)] 도형을 삽입하고 [실행 설정] 대화상자가 나타나면 [확인] 단추를 클릭한 후 원하는 서식을 지정합니다.

⑤ 네 번째 슬라이드를 추가하여 제목을 입력한 후 글꼴 서식을 지정합니다. [삽입] 탭–[일러스트레이션] 그룹–[도형(⬠)]에서 '액자(□)', '하트(♡)' 도형을 삽입하고 크기와 위치를 조절한 후 원하는 서식을 지정합니다.

⑥ [삽입] 탭–[이미지] 그룹–[그림(🖼)]에서 '쿠키15.png'~'쿠키17.png' 그림 파일을 삽입한 후 위치를 조절합니다.

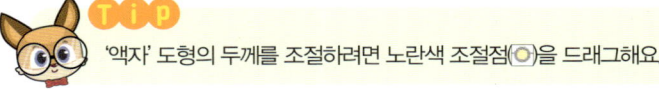

Tip '액자' 도형의 두께를 조절하려면 노란색 조절점(○)을 드래그해요.

 **미션 4** 하이퍼링크를 삽입하고 애니메이션을 지정해 보아요.

① 첫 번째 슬라이드를 선택하여 '재료 준비하기' 도형을 선택한 후 [삽입] 탭-[링크] 그룹-[하이퍼링크(🌐)]를 클릭하여 [하이퍼링크 편집] 대화상자가 나타나면 [현재 문서]-[슬라이드 제목]-[2. 재료 준비하기]를 선택한 후 [확인] 단추를 클릭합니다.

② 같은 방법으로 '쿠키 만들기' 도형과 '완성' 도형에 하이퍼링크를 삽입하여 각각 '3. 쿠키 만들기' 슬라이드와 '4. 완성!' 슬라이드를 지정합니다.

③ [전환] 탭-[슬라이드 화면 전환] 그룹-[은은한 효과]-[닦아내기]를 클릭합니다.

④ [전환] 탭-[타이밍] 그룹에서 [다음 시간 후]에 체크한 후 시간을 '00:01.00'으로 지정합니다.

⑤ 같은 방법으로 두 번째 슬라이드~네 번째 슬라이드에도 원하는 화면 전환 효과를 지정합니다.

⑥ [슬라이드 쇼] 탭-[슬라이드 쇼 시작] 그룹-[처음부터(🖳)]를 클릭하여 하이퍼링크와 화면 전환 효과가 적용된 모습을 확인합니다.

혼자 할 수 있어요!

• 예제 파일 : 학예회1~10.png
• 완성 파일 : 11_학예회_완성.pptx

01 하이퍼링크를 삽입하여 학예회 준비 발표 자료를 완성해 보세요.

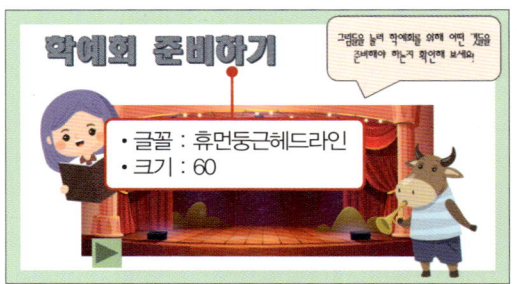

• 글꼴 : 휴먼둥근헤드라인
• 크기 : 60

• 글꼴 : 휴먼옛체
• 크기 : 44
• 속성 : 굵게, 텍스트 그림자

• 글꼴 : 휴먼아미체
• 크기 : 28

Hint

❶ '제목만' 레이아웃에서 워드아트를 이용하여 제목을 입력하고 [삽입] 탭–[일러스트레이션] 그룹–[도형(▽)]–[액자(□)] 도형을 삽입한 후 원하는 서식을 지정합니다.

❷ [삽입] 탭–[이미지] 그룹–[그림(▣)]에서 '학예회1.png', '학예회2.png', '학예회8.png' 그림 파일을 삽입하고 위치를 조절합니다.

❸ [삽입] 탭–[일러스트레이션] 그룹–[도형(▽)]–[모서리가 둥근 사각형 설명선(◯)]을 삽입하고 내용을 입력한 후 원하는 서식을 지정합니다.

❹ [삽입] 탭–[일러스트레이션] 그룹–[도형(▽)]–[실행 단추: 앞으로 또는 다음(▷)] 도형을 삽입한 후 원하는 서식을 지정합니다.

❺ [제목만] 슬라이드를 3개 추가하고 각 슬라이드에 첫 번째 슬라이드와 같은 방법으로 도형, 그림, 텍스트를 삽입한 후 원하는 서식을 지정합니다.

❻ 두 번째 슬라이드~네 번째 슬라이드에 실행 단추를 삽입한 후 원하는 서식을 지정합니다.

❼ 첫 번째 슬라이드를 선택한 후 '학예회1.png' 그림에 하이퍼링크를 삽입하여 '2. 함께 노래 연습하기' 슬라이드를 지정합니다.

❽ 같은 방법으로 '학예회2.png' 그림과 '학예회8.png' 그림에 하이퍼링크를 삽입하여 각각 '3. 연주할 악기 준비하기' 슬라이드와 '4. 무대 예쁘게 꾸미기' 슬라이드를 지정합니다.

12 우리반 인기 과자는?

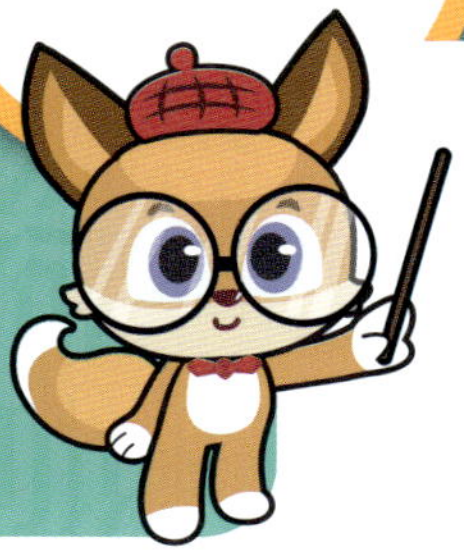

학습목표

- 데이터를 입력해요.
- 셀을 병합하고 가운데 맞춤을 지정해요.
- 차트를 삽입하고 예쁘게 꾸며요.

▶ 예제 파일 : 과자.png
▶ 완성 파일 : 12_우리반인기간식_완성.xlsx

완성작품

우리반 인기 과자는?

종류	득표
거북칩	12
나가초콜릿	20
아몬드 깨깨로	8
아빠손 파이	15
몽쉘통통	31
촉촉한 초코칩	22
허니부스터칩	5

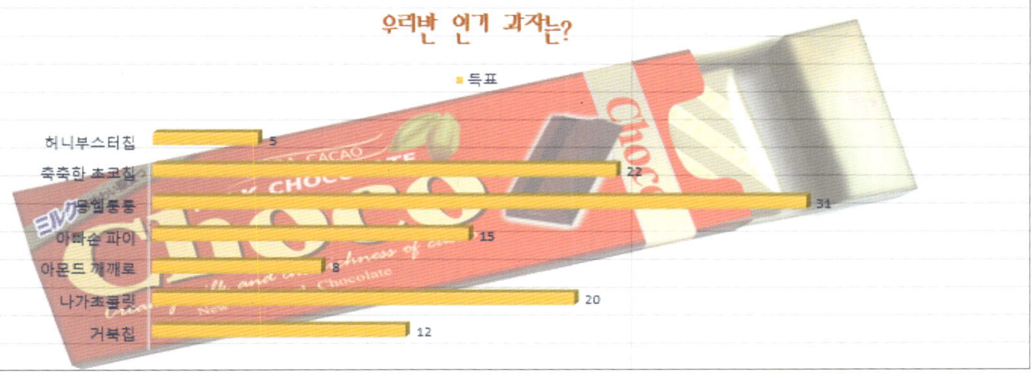

 **미션 1** 셀에 데이터를 입력해 보아요.

	A	B	C
1		우리반 인기 과자는?	• 글꼴 : HY엽서M • 크기 : 30 • 속성 : 굵게
2			
3		종류	득표
4		거북칩	12
5		나가초콜릿	20
6		아몬드 깨깨로	8
7		아빠손 파이 (• 글꼴 : 휴먼모음T / • 크기 : 18 / • 속성 : 가운데 맞춤)	15
8		몽쉘통통	31
9		축축한 초코칩	22
10		허니버스터칩	5
11			

① [A]열의 열 너비를 좁게, [B], [C]열의 열 너비는 넓게 조절합니다.

② [B1:C1] 영역을 블록 지정하고 [홈] 탭-[맞춤] 그룹-[병합하고 가운데 맞춤(🔳)]을 클릭합니다.

③ [B1] 셀에 제목을 입력하고 [홈] 탭-[글꼴] 그룹에서 원하는 글꼴 서식을 지정합니다.

④ [B3:C3] 영역에 내용을 입력한 후 원하는 글꼴 서식을 지정합니다.

⑤ [B3:C3] 영역을 블록 지정하고 [홈] 탭-[글꼴] 그룹-[채우기 색]을 클릭하여 원하는 채우기 색을 지정합니다.

⑥ [B4:C10] 영역에 내용을 입력한 후 원하는 글꼴 서식을 지정합니다.

⑦ [B4:C10] 영역을 블록 지정하고 [홈] 탭-[글꼴] 그룹-[채우기 색]을 클릭하여 원하는 채우기 색을 지정합니다.

⑧ [B3:C10] 영역을 블록 지정하고 [홈] 탭-[글꼴] 그룹-[테두리]-[모든 테두리]를 선택합니다.

 **차트를 삽입하고 꾸며 보아요.**

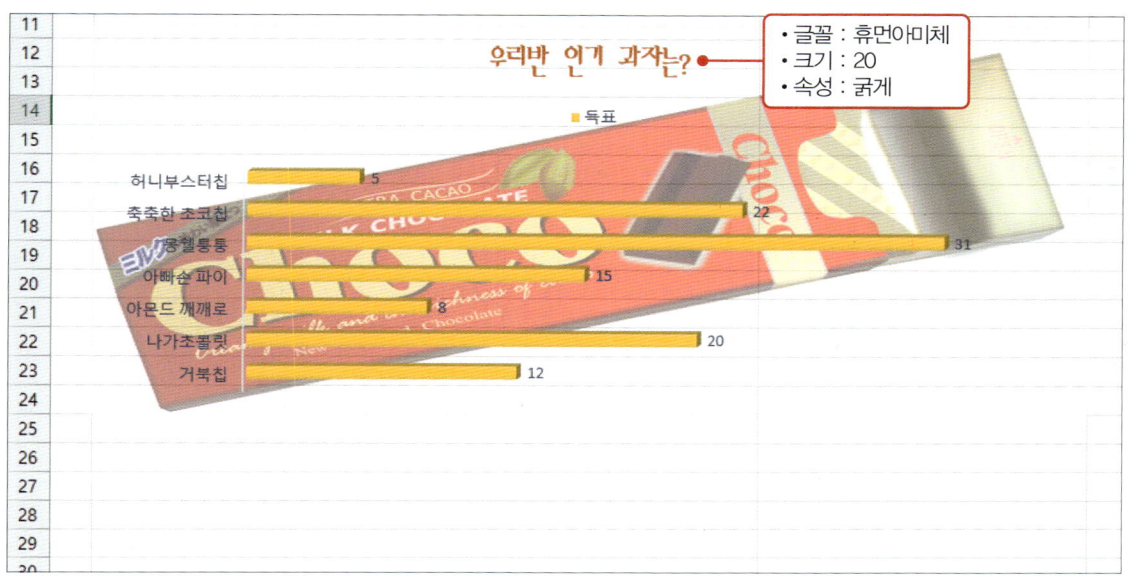

① [B3:C10] 영역을 블록 지정하고 [삽입] 탭-[차트] 그룹-[세로 또는 가로 막대형 차트 삽입()]-[3차원 묶은 가로 막대형]을 클릭하여 차트를 삽입한 후 크기와 위치를 조절합니다.

② 차트를 선택하고 [차트 도구]-[디자인] 탭-[차트 스타일] 그룹-[스타일 5]를 선택하고 [색 변경()]-[색 8]을 선택합니다.

③ [차트 도구]-[디자인] 탭-[차트 레이아웃] 그룹-[빠른 레이아웃()]-[레이아웃 2]를 선택합니다.

④ [차트 영역]을 더블클릭하여 [차트 영역 서식] 창이 나타나면 [채우기]-[그림 또는 질감 채우기]-[파일]을 클릭하여 '과자.png' 그림 파일을 삽입합니다.

⑤ 그림이 삽입되면 [차트 영역 서식]-[채우기]에서 투명도를 '50%'로 지정한 후 창을 닫습니다.

⑥ 차트 제목을 수정한 후 원하는 서식을 지정합니다.

12   혼자 할 수 있어요!

• 완성 파일 : 12_계절선호도조사_완성.xlsx

01 계절 선호도 조사 데이터를 입력하고 차트로 만들어 보세요.

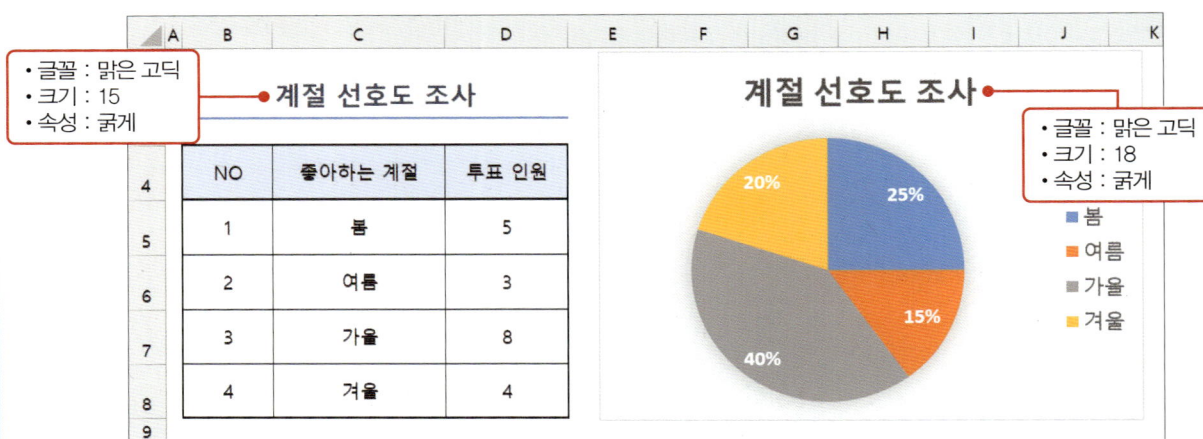

- 글꼴 : 맑은 고딕
- 크기 : 15
- 속성 : 굵게

- 글꼴 : 맑은 고딕
- 크기 : 18
- 속성 : 굵게

Hint

❶ [B2:D2] 영역을 블록 지정하여 [병합하고 가운데 맞춤(📄)]을 선택한 후 제목을 입력하고 원하는 서식을 지정합니다.
❷ [홈] 탭–[글꼴] 그룹–[테두리]에서 '아래쪽 테두리'를 설정하고 테두리 색을 변경합니다.
❸ [B4:D8] 영역에 데이터를 입력한 후 글꼴 서식과 테두리 서식을 지정하고 열 너비와 행 높이를 조절합니다.
❹ [C4:D8] 영역을 블록 지정한 후 [삽입] 탭–[차트] 그룹–[원형 또는 도넛형 차트 삽입(🍩)]–[2차원 원형] 차트를 삽입합니다.
❺ [차트 도구]–[디자인] 탭–[차트 스타일] 그룹에서 차트 스타일을 '스타일 11'로 지정합니다.
❻ 차트 제목을 변경하고 글꼴 서식을 지정합니다.
❼ 범례의 위치를 오른쪽으로 변경합니다.

13 컴퓨터 수행평가 채점표

학습목표

- 합계를 구하는 SUM 함수와 평균을 구하는 AVERAGE 함수를 삽입해요.
- 최고값을 구하는 MAX 함수와 최소값을 구하는 MIN 함수를 삽입해요.

▶ 예제 파일 : 컴퓨터1.png, 파일.png
▶ 완성 파일 : 13_컴퓨터수행평가채점표_완성.xlsx

완성작품

번호	이름	출석점수	타자	입력	셀 서식	함수	합계	평균
1	박수아	18	15	13	8	5	59	11.8
2	이다윤	20	20	20	17	15	92	18.4
3	이서연	20	19	20	18	17	94	18.8
4	이연우	20	20	20	16	10	86	17.2
5	정지후	20	19	19	14	8	80	16
6	최현준	20	17	18	11	11	77	15.4
7	한재희	19	14	16	10	5	64	12.8
8	한지우	19	16	16	11	6	68	13.6
합계 최고 점수							94	
합계 최저 점수							59	

미션 1 셀에 데이터를 입력해 보아요.

	A	B	C	D	E	F	G	H	I	J	K
1		컴퓨터 수행평가 채점표									
2											
3		번호	이름	출석점수	타자	입력	셀 서식	함수	합계	평균	
4		1	박수아	18	15	13	8	5			
5		2	이다윤	20	20	20	17	15			
6		3	이서연	20	19	20	18	17			
7		4	이연우	20	20	20	16	10			
8		5	정지후	20	19	19	14	8			
9		6	최현준	20	17	18	11	11			
10		7	한재희	19	14	16	10	5			
11		8	한지우	19	16	16	11	6			
12		합계 최고 점수									
13		합계 최저 점수									
14											
15											

- 글꼴 : 휴먼옛체
- 크기 : 36

- 글꼴 : 휴먼모음T
- 크기 : 11
- 속성 : 가운데 맞춤

❶ [B1:J1] 영역을 블록 지정하고 [병합하고 가운데 맞춤(圉)]을 클릭한 후 제목을 입력하고 글꼴 서식을 지정합니다.

❷ [B3:J13] 셀에 내용을 입력하고 글꼴 서식을 지정한 후 [B12:H12], [B13:H13], [I12:J12], [I13:J13] 영역을 각각 블록 지정하고 [병합하고 가운데 맞춤(圉)]을 클릭합니다.

❸ [B3:J13] 영역에 [테두리]-[모든 테두리]를 지정합니다.

❹ [B3:J3], [B4:C11], [B12:B13] 영역에 채우기 색을 지정합니다.

❺ [삽입] 탭-[일러스트레이션] 그룹-[그림(🖼)]을 클릭한 후 '컴퓨터1.png', '파일.png' 그림을 삽입합니다.

❻ 그림이 삽입되면 조절점을 드래그하여 크기를 조절한 후 위치를 이동시킵니다.

미션 2 함수로 계산 결과를 구해 보아요.

	A	B	C	D	E	F	G	H	I	J	K
1					컴퓨터 수행평가 채점표						
2											
3			번호	이름	출석점수	타자	입력	셀 서식	함수	합계	평균
4			1	박수아	18	15	13	8	5	59	11.8
5			2	이다윤	20	20	20	17	15	92	18.4
6			3	이서연	20	19	20	18	17	94	18.8
7			4	이연우	20	20	20	16	10	86	17.2
8			5	정지후	20	19	19	14	8	80	16
9			6	최현준	20	17	18	11	11	77	15.4
10			7	한재희	19	14	16	10	5	64	12.8
11			8	한지우	19	16	16	11	6	68	13.6
12					합계 최고 점수					94	
13					합계 최저 점수					59	
14											
15											

❶ [I4] 셀을 클릭한 후 [수식] 탭-[함수 라이브러리] 그룹-[자동 합계(Σ)]-[합계]를 클릭합니다.

❷ 셀 범위가 [D4:H4]로 지정된 것을 확인하고 Enter 를 누르면 결과값이 표시됩니다.

❸ [J4] 셀을 클릭한 후 [수식] 탭-[함수 라이브러리] 그룹-[자동 합계(Σ)]-[평균]을 클릭합니다.

❹ [D4:H4] 셀을 드래그하여 영역을 지정하고 Enter 를 누르면 결과값이 표시됩니다.

❺ [I4:J4] 셀의 결과값을 채우기 핸들을 이용해 [I11:J11] 셀까지 드래그하여 나머지 셀에 수식을 복사합니다.

❻ [I12] 셀을 클릭한 후 [수식] 탭-[함수 라이브러리] 그룹-[자동 합계(Σ)]-[최대값]을 클릭한 후 셀 범위가 [I4:I11]로 지정된 것을 확인하고 Enter 를 누릅니다.

❼ 같은 방법으로 [I13] 셀을 클릭한 후 [수식] 탭-[함수 라이브러리] 그룹-[자동 합계(Σ)]-[최소값]을 클릭한 후 [I4:I11] 셀을 드래그하여 영역을 지정하고 Enter 를 누릅니다.

13 혼자 할 수 있어요!

• 완성 파일 : 13_스트레스지수_완성.xlsx

01 COUNTA 함수와 IF 함수를 이용하여 스트레스 지수 검사지를 완성해 보세요.

- 글꼴 : MD개성체
- 크기 : 30

번호	내용	체크
1	아침에 일어날 때 몸이 무겁게 느껴진다.	
2	사소한 일로 주위 사람들에게 짜증을 자주 부린다.	
3	학원 갈 시간에 속이 울렁거린다.	○
4	친구, 가족들에게 불평불만을 많이 이야기 한다.	
5	자꾸 자신감이 없어진다.	○
6	누군가 나를 부르면 겁부터 난다.	
7	모든 일에 집중할 수가 없다.	○
8	남의 시선을 똑바로 쳐다볼 수가 없다.	○
9	혼자 있을 때에도 마음이 편하지 않다.	
10	똑같은 실수를 반복한다.	○
몇 개를 체크하였나요?		5
당신은 적당히 긴장되어 있는 상태입니다.		

- 글꼴 : 양재튼튼체B
- 크기 : 13

- 글꼴 : 휴먼매직체
- 크기 : 18

- 글꼴 : 양재튼튼체B
- 크기 : 13

Hint

❶ [B2:D2] 셀을 드래그하여 영역 지정한 후 [병합하고 가운데 맞춤()]을 클릭하여 내용을 입력하고 서식을 지정합니다.

❷ [B3:C15] 영역에 내용을 입력하고 서식을 지정합니다.

❸ [D5:D14] 영역에 특수문자 'ㅇ'을 입력합니다.

❹ [D15] 셀을 클릭하고 [수식] 탭-[함수 라이브러리] 그룹-[함수 삽입(fx)]-[COUNTA]를 클릭한 후 함수 인수를 [D5:D14]로 지정하고 Enter 를 눌러 'ㅇ'의 개수를 구합니다.

❺ [C17] 셀에 다음의 수식을 입력합니다.
="당신은 "&IF(D15>=9,"심각하게 스트레스를 받고 있는 상태",IF(D15>=6,"스트레스를 많이 받고 있는 상태","적당히 긴장되어 있는 상태"))&"입니다."

❻ 'ㅇ' 표의 개수에 따라 결과값이 나타나는 것을 확인합니다.

14 컴짱 뽑기 대회 신청 명단

학습목표

- 자동 필터 기능을 이용하여 원하는 데이터를 추출해요.
- 고급 필터 기능을 이용하여 원하는 데이터를 추출해요.

▶ 예제 파일 : 모니터.png, 컴퓨터2.png
▶ 완성 파일 : 14_컴짱뽑기대회(자동필터)_완성.xlsx, 14_컴짱뽑기대회(고급필터)_완성.xlsx

완성작품

번호	학년	반	이름	성별	신청 과목	연락처
1	5	7	김인희	여	한글	221-0410
2	3	4	우현태	남	파워포인트	243-2820
3	3	4	허정희	여	엑셀	243-9514
4	5	1	이진우	남	포토샵	235-7579
5	4	2	박성희	여	포토샵	221-2761
6	6	1	최아인	여	엑셀	277-1081
7	6	4	서가인	여	엑셀	243-6880
8	4	1	이정현	남	파워포인트	221-4937
9	5	2	정인우	남	한글	253-4547
10	3	3	최현진	여	한글	246-8745
11	4	6	장우진	남	파워포인트	247-7745
12	3	3	조하늘	남	포토샵	275-8783
13	3	1	박찬성	남	엑셀	241-8574
14	5	5	한미진	여	파워포인트	258-1557
15	6	4	이가을	여	포토샵	279-5245

성별	신청 과목
여	엑셀

번호	학년	반	이름	성별	신청 과목	연락처
3	3	4	허정희	여	엑셀	243-9514
6	6	1	최아인	여	엑셀	277-1081
7	6	4	서가인	여	엑셀	243-6880

**미션 1** 데이터를 입력하고 자동 필터를 실행해 보아요.

번호	학년	반	이름	성별	신청 과목	연락처
1	5	7	김인희	여	한글	221-0410
2	3	4	우현태	남	파워포인트	243-2820
3	3	4	허정희	여	엑셀	243-9514
4	5	1	이진우	남	포토샵	235-7579
5	4	2	박성희	여	포토샵	221-2761
6	6	1	최아인	여	엑셀	277-1081
7	6	4	서가인	여	엑셀	243-6880
8	4	1	이정현	남	파워포인트	221-4937
9	5	2	정인우	남	한글	253-4547
10	3	3	최현진	여	한글	246-8745
11	4	6	장우진	남	파워포인트	247-7745
12	3	3	조하늘	남	포토샵	275-8783
13	3	1	박찬성	남	엑셀	241-8574
14	5	5	한미진	여	파워포인트	258-1557
15	6	4	이가을	여	포토샵	279-5245

- 글꼴 : HY엽서M
- 크기 : 40

- 글꼴 : HY헤드라인M
- 크기 : 14
- 속성 : 가운데 맞춤

- 글꼴 : 함초롬돋움
- 크기 : 11
- 속성 : 가운데 맞춤

❶ [삽입] 탭-[텍스트] 그룹-[WordArt(가)]를 클릭하여 제목을 입력하고 그림을 삽입한 후 크기와 위치를 지정합니다.

❷ [B2:H17] 영역에 내용을 입력한 후 글꼴 서식을 지정하고 [B2:H2] 영역에 채우기 서식을 지정합니다.

❸ [B2:H17] 영역을 블록 지정하고 [테두리]-[모든 테두리]를 선택합니다.

❹ 입력된 데이터 영역 안에 셀 포인터를 위치시킨 후 [데이터] 탭-[정렬 및 필터] 그룹-[필터(▼)]를 클릭합니다.

❺ 표 항목에 필터 단추(▼)가 나타나면 '성별'의 필터 단추를 클릭하여 '모두 선택'에 체크를 해제하고 '남'에 체크한 후 [확인] 단추를 클릭합니다.

❻ 성별이 '남'인 데이터만 표시되는 것을 확인한 후 [데이터] 탭-[정렬 및 필터] 그룹-[필터(▼)]를 다시 클릭하여 필터 결과를 삭제합니다.

미션 2 고급 필터로 원하는 데이터를 추출해 보아요.

컴짱 뽑기 대회 신청 명단

번호	학년	반	이름	성별	신청 과목	연락처
1	5	7	김인희	여	한글	221-0410
2	3	4	우현태	남	파워포인트	243-2820
3	3	4	허정희	여	엑셀	243-9514
4	5	1	이진우	남	포토샵	235-7579
5	4	2	박성희	여	포토샵	221-2761
6	6	1	최아인	여	엑셀	277-1081
7	6	4	서가인	여	엑셀	243-6880
8	4	1	이정현	남	파워포인트	221-4937
9	5	2	정인우	남	한글	253-4547
10	3	3	최현진	여	한글	246-8745
11	4	6	장우진	남	파워포인트	247-7745
12	3	3	조하늘	남	포토샵	275-8783
13	3	1	박찬성	남	엑셀	241-8574
14	5	5	한미진	여	파워포인트	258-1557
15	6	4	이가을	여	포토샵	279-5245

성별	신청 과목
여	엑셀

번호	학년	반	이름	성별	신청 과목	연락처
3	3	4	허정희	여	엑셀	243-9514
6	6	1	최아인	여	엑셀	277-1081
7	6	4	서가인	여	엑셀	243-6880

① [F2:G2] 셀을 드래그하여 복사한 후 [B20:C20] 셀에 붙여넣기 합니다.

② [B21] 셀에는 "여"를 입력하고 [C21] 셀에는 "엑셀"을 각각 입력합니다.

③ [데이터] 탭-[정렬 및 필터] 그룹-[고급]을 클릭하여 [고급 필터] 대화상자가 나타나면 [결과]에서 '다른 장소에 복사'를 클릭합니다.

④ [목록 범위]에 [B2:H17] 셀, [조건 범위]에 [B20:C21] 셀을 드래그하여 선택합니다.

⑤ [복사 위치]에 [B23] 셀을 선택하고 [확인] 단추를 클릭하여 해당 데이터가 추출되는 것을 확인합니다.

14   혼자 할 수 있어요!

• 완성 파일 : 14_그림그리기대회_완성.xlsx

01 전국 어린이 그림 그리기 대회에서 응시부문이 '수채화'이면서 총점이 '300'점 이상인 데이터를 고급 필터를 이용하여 필터링해 보세요.

• 글꼴 : HY얕은샘물M
• 크기 : 40

• 글꼴 : 맑은 고딕
• 크기 : 11

번호	이름	응시부문	이해도	표현력	창작력	완성도	총점
1	박윤상	상상화	90	78	74	84	326
2	박재현	수채화	85	80	56	78	299
3	양예지	포스터	87	83	59	65	294
4	이성현	포스터	85	58	56	65	264
5	이소연	수채화	90	68	78	78	314
6	정하윤	상상화	86	75	98	79	338
7	김미나	상상화	81	84	89	85	339
8	김미주	포스터	93	87	96	96	372
9	박성훈	수채화	79	76	78	76	309
10	한가람	수채화	80	85	78	98	341

응시부문	총점
수채화	>=300

번호	이름	응시부문	이해도	표현력	창작력	완성도	총점
5	이소연	수채화	90	68	78	78	314
9	박성훈	수채화	79	76	78	76	309
10	한가람	수채화	80	85	78	98	341

Hint

❶ [B1:I1] 영역을 블록 지정하고 [병합하고 가운데 맞춤]을 클릭한 후 [삽입] 탭-[텍스트] 그룹-[WordArt]를 클릭하여 제목을 입력합니다.

❷ [B2:I12] 영역에 데이터를 입력하고 테두리 서식과 채우기 서식을 지정한 후 열 너비와 행 높이를 조절합니다.

❸ [D2] 셀과 [I2] 셀을 복사하여 [C14:D14] 셀에 붙여 넣은 후 [C15:D15] 셀에 조건을 입력합니다.

❹ [데이터] 탭-[정렬 및 필터] 그룹-[고급]을 클릭하여 [고급 필터] 대화상자가 나타나면 [결과]에서 '다른 장소에 복사'를 클릭하고 [목록 범위]를 [B2:I12], [조건 범위]를 [C14:D15], [복사 위치]를 [B17]로 지정한 후 [확인] 단추를 클릭합니다.

❺ [I3:I12] 영역을 블록 지정하고 [홈] 탭-[스타일] 그룹-[조건부 서식]-[아이콘 집합]-[삼각형 3개]를 클릭합니다.

❻ [I3:I12] 영역을 블록 지정하고 [홈] 탭-[스타일] 그룹-[조건부 서식]-[상위/하위 규칙]-[상위 10개 항목]을 선택한 후 항목 개수를 '5', 적용할 서식을 '진한 노랑 텍스트가 있는 노랑 채우기'로 지정합니다.

15 세계 유명 관광지 소개

학습목표

- 여러 가지 도형을 삽입하여 실행 단추를 만들어요.
- 매크로를 지정하여 매크로를 실행해요.

▶ 완성 파일 : 15_세계유명관광지소개_완성.xlsm

완성작품

국가	관광지	도시
미국	타임스퀘어	뉴욕
대한민국	광안리 해수욕장	부산
이탈리아	콜로세움	로마
이탈리아	피사의 사탑	피사
프랑스	샤갈 미술관	니스
대한민국	남산타워	서울
프랑스	에펠탑	파리
일본	오사카 성	오사카
미국	금문교	캘리포니아
대한민국	한라산	제주
이탈리아	트레비 분수	로마
일본	긴자	도쿄
대한민국	호미곶	포항

- 국가 정렬
- 관광지 정렬
- 도시 정렬

미션 1 : 데이터를 입력하고 매크로를 기록해 보아요.

- 글꼴 : 휴먼아미체
- 크기 : 40
- 속성 : 굵게

- 글꼴 : 맑은 고딕
- 크기 : 12
- 속성 : 굵게

- 글꼴 : HY얕은샘물M
- 크기 : 20
- 속성 : 가운데 맞춤

- 글꼴 : HY엽서M
- 크기 : 13
- 속성 : 가운데 맞춤

국가	관광지	도시
미국	타임스퀘어	뉴욕
대한민국	광안리 해수욕장	부산
이탈리아	콜로세움	로마
이탈리아	피사의 사탑	피사
프랑스	샤갈 미술관	니스
대한민국	남산타워	서울
프랑스	에펠탑	파리
일본	오사카 성	오사카
미국	금문교	캘리포니아
대한민국	한라산	제주
이탈리아	트레비 분수	로마
일본	긴자	도쿄
대한민국	호미곶	포항

제목: 세계 유명 관광지 소개

도형: 국가 정렬(하트), 관광지 정렬(두루마리), 도시 정렬(별)

❶ [B1:D1] 영역을 블록 지정하고 [병합하고 가운데 맞춤]을 클릭한 후 제목을 입력하고 글꼴 서식을 지정합니다.

❷ [B2:D15] 영역에 내용을 입력하고 글꼴 서식과 테두리 서식, 채우기 서식을 지정합니다.

❸ [삽입] 탭-[일러스트레이션] 그룹-[도형]에서 '하트', '가로로 말린 두루마리 모양' '포인트가 6개인 별' 도형을 삽입하고 도형 서식을 지정합니다.

❹ 도형에 각각 "국가 정렬", "관광지 정렬", "도시 정렬"을 입력한 후 글꼴 서식을 지정합니다.

❺ [보기] 탭-[매크로] 그룹-[매크로]-[매크로 기록]을 클릭하여 [매크로 기록] 대화상자가 나타나면 [매크로 이름]에 "국가_정렬"을 입력하고 [확인] 단추를 클릭합니다.

❻ [B2] 셀을 선택하고 [데이터] 탭-[정렬 및 필터] 그룹-[텍스트 오름차순 정렬]을 클릭합니다.

❼ [보기] 탭-[매크로] 그룹-[매크로]-[기록 중지]를 클릭합니다.

❽ 같은 방법으로 '관광지_정렬', '도시_정렬' 매크로를 기록합니다.

1. '하트(♡)' 도형을 선택하고 마우스 오른쪽 단추를 클릭한 후 '매크로 지정'을 클릭합니다.

2. [매크로 지정] 대화상자가 나타나면 '국가_정렬'을 선택하고 [확인] 단추를 클릭합니다.

3. '가로로 말린 두루마리 모양(▭)' 도형을 선택하고 마우스 오른쪽 단추를 클릭한 후 '매크로 지정'을 클릭합니다.

4. [매크로 지정] 대화상자가 나타나면 '관광지_정렬'을 선택하고 [확인] 단추를 클릭합니다.

5. 같은 방법으로 '포인트가 6개인 별(✡)' 도형에도 '도시_정렬' 매크로를 연결합니다.

6. 각 도형을 클릭하여 국가, 관광지, 도시가 오름차순으로 정렬되는지 확인합니다.

7. [파일] 탭-[다른 이름으로 저장]을 클릭하고 파일 형식을 'Excel 매크로 사용 통합 문서(*.xlsm)'로 지정한 후 저장합니다.

15 혼자 할 수 있어요!

• 완성 파일 : 15_체육대회_완성.xlsm

01 매크로 기능을 이용하여 체육대회 기록표를 완성해 보세요.

- 글꼴 : 휴먼엑스포
- 크기 : 28

학년	반	이름	성별	100m 달리기	제자리 멀리뛰기	윗몸 일으키기
2	3	이정욱	남	16초	154cm	40회
3	4	박예린	여	18초	147cm	41회
3	1	황서은	여	17초	149cm	39회
4	5	강연희	여	16초	153cm	54회
4	6	최민서	여	15초	155cm	53회
5	5	김한나	여	15초	148cm	43회
5	9	송찬우	남	13초	162cm	57회
6	3	나은찬	남	16초	160cm	56회

[학년 정렬] [이름 정렬] [성별 정렬]

- 글꼴 : HY엽서L
- 크기 : 12
- 속성 : 가운데 맞춤

- 글꼴 : HY헤드라인M
- 크기 : 14
- 속성 : 가운데 맞춤

Hint

❶ [B2:H2] 영역을 블록 지정하고 [병합하고 가운데 맞춤()]을 클릭한 후 제목을 입력하고 글꼴 서식을 지정합니다.
❷ [B4:H12] 영역에 내용을 입력하고 글꼴 서식과 테두리 서식, 채우기 서식을 지정한 후 열 너비와 행 높이를 조절합니다.
❸ [삽입] 탭-[일러스트레이션] 그룹-[도형()]에서 '빗면()' 도형을 3개 삽입한 후 각 도형에 내용을 입력하고 도형 스타일 및 글꼴 서식을 지정합니다.
❹ [보기] 탭-[매크로] 그룹-[매크로()]-[매크로 기록]을 클릭하고 매크로 이름을 '학년_정렬'로 입력한 후 [확인] 단추를 클릭합니다.
❺ [B4] 셀을 선택하고 [데이터] 탭-[정렬 및 필터 그룹]-[텍스트 오름차순 정렬()]을 클릭합니다.
❻ [보기] 탭-[매크로] 그룹-[매크로()]-[기록 중지]를 클릭합니다.
❼ 같은 방법으로 '이름_정렬', '성별_정렬' 매크로를 연결합니다.
❽ 각 도형을 선택하고 마우스 오른쪽 단추를 클릭하여 매크로를 지정합니다.

16 영화 흥행 현황

학습목표

- 피벗 테이블을 만들어 보아요.
- 피벗 테이블에서 필요한 항목만 필터링해 보아요.

▶ 예제 파일 : 영화.png
▶ 완성 파일 : 16_영화흥행현황_완성.xlsx

완성작품

영화 흥행 현황

장르	제목	일일 평균 관객	인기지수	누적 관객
애니메이션	겨울왕국	23,000	800	18,400,000
액션	백두산	22,000	650	14,300,000
액션	스타워즈	20,000	720	14,400,000
어드벤처	닥터두리틀	21,000	540	11,340,000
어드벤처	터미네이터	16,000	920	14,720,000
애니메이션	소울	9,000	360	3,240,000
SF	승리호	18,000	600	10,800,000
코미디	엑시트	22,000	320	7,040,000
SF	마션	14,000	400	5,600,000
코미디	극한직업	12,000	260	3,120,000

장르	애니메이션		
행 레이블	합계 : 일일 평균 관객	평균 : 인기지수	합계 : 누적 관객
겨울왕국	23,000	800.0	18,400,000
소울	9,000	360.0	3,240,000
총합계	32,000	580.0	21,640,000

미션 1 피벗 테이블을 만들어 보아요.

- 글꼴 : 휴먼아미체
- 크기 : 48
- 속성 : 굵게

영화 흥행 현황

- 글꼴 : HY그래픽B
- 크기 : 12
- 속성 : 가운데 맞춤

장르	제목	일일 평균 관객	인기지수	누적 관객
애니메이션	겨울왕국	23,000	800	18,400,000
액션	백두산	22,000	650	14,300,000
액션	스타워즈	20,000	720	14,400,000
어드벤처	닥터두리틀	21,000	540	11,340,000
어드벤처	터미네이터	16,000	920	14,720,000
애니메이션	소울	9,000	360	3,240,000
SF	승리호	18,000	600	10,800,000
코미디	엑시트	22,000	320	7,040,000
SF	마션	14,000	400	5,600,000
코미디	극한직업	12,000	260	3,120,000

- 글꼴 : HY엽서M
- 크기 : 12
- 속성 : 가운데 맞춤

① [B1:F13] 영역에 내용을 입력하고 그림을 삽입한 후 글꼴 서식, 테두리 서식, 채우기 서식을 지정합니다.

② [삽입] 탭-[표] 그룹-[피벗 테이블]을 클릭한 후 [피벗 테이블 만들기] 대화상자가 나타나면 [B3:F13] 영역이 지정된 것을 확인하고 [확인] 단추를 클릭합니다.

③ [Sheet2]가 추가되면 [피벗 테이블 필드] 창에서 '제목', '일일 평균 관객', '인기지수', '누적 관객'에 각각 체크하고 '장르'를 [필터] 영역으로 드래그합니다.

④ [값] 영역에서 '합계 : 인기지수'를 클릭하고 '값 필드 설정'을 클릭한 후 [선택한 필드의 데이터]에서 '평균'을 선택하고 [표시 형식] 단추를 클릭합니다.

⑤ [표시 형식]-[숫자]-[소수 자릿수]에서 '1'을 선택하고 [확인] 단추를 두 번 클릭합니다.

⑥ [B4:B14] 셀과 [D4:D14] 셀을 블록 지정한 후 [홈] 탭-[표시 형식]-[쉼표 스타일]을 클릭합니다.

 **미션 2** 피벗 테이블의 '애니메이션' 항목만 필터링해 보아요.

	A	B	C	D
1	장르	(모두)		
2				
3	행 레이블	합계 : 일일 평균 관객	평균 : 인기지수	합계 : 누적 관객
4	겨울왕국	23,000	800.0	18,400,000
5	극한직업	12,000	260.0	3,120,000
6	마션	14,000	400.0	5,600,000
7	백두산	22,000	650.0	14,300,000
8	소울	9,000	360.0	3,240,000
9	스타워즈	20,000	720.0	14,400,000
10	승리호	18,000	600.0	10,800,000
11	엑시트	22,000	320.0	7,040,000
12	탁터두리틀	21,000	540.0	11,340,000
13	터미네이터	16,000	920.0	14,720,000
14	총합계	177,000	557.0	102,960,000

	A	B	C	D
1	장르	애니메이션		
2				
3	행 레이블	합계 : 일일 평균 관객	평균 : 인기지수	합계 : 누적 관객
4	겨울왕국	23,000	800.0	18,400,000
5	소울	9,000	360.0	3,240,000
6	총합계	32,000	580.0	21,640,000

① 보고서 필터인 '장르'의 목록 단추(▼)를 클릭하여 '애니메이션'을 선택한 후 [확인] 단추를 클릭합니다.

② 피벗 테이블을 선택하고 [피벗 테이블 도구]-[디자인] 탭-[피벗 테이블 스타일] 그룹-[피벗 스타일 어둡게 2]를 선택합니다.

③ [피벗 테이블 도구]-[분석] 탭-[피벗 테이블] 그룹-[옵션]을 클릭하여 [피벗 테이블 옵션] 대화상자가 나타나면 '레이블이 있는 셀 병합 및 가운데 맞춤'에 체크하고 [확인] 단추를 클릭합니다.

④ 피벗 테이블의 결과를 확인합니다.

16   혼자 할 수 있어요!

• 완성 파일 : 16_장난감판매현황_완성.xlsx

01 피벗 테이블을 이용하여 장난감 판매 현황표를 완성해 보세요.

장난감 판매 현황

분류	상품	단가	판매량	판매금액
디즈니완구	덤보 봉제인형	48,000	630	30,240,000
디즈니완구	버즈 라이트	55,000	420	23,100,000
로봇	엑실리온	12,000	700	8,400,000
브랜드완구	디오라마세트	36,000	260	9,360,000
작동완구	뮤직회전 동물원	48,000	330	15,840,000
작동완구	피자놀이 세트	22,000	710	15,620,000
작동완구	기타 4줄 악기 놀이	16,000	550	8,800,000
로봇	아기공룡 디노	52,500	550	28,875,000
브랜드완구	MAN 소방차	77,000	400	30,800,000
디즈니완구	말하는 스파이더맨	75,000	540	40,500,000

분류	작동완구	
상품	평균 : 단가	합계 : 판매량
기타 4줄 악기 놀이	16,000	550
뮤직회전 동물원	48,000	330
피자놀이 세트	22,000	710
총합계	28,667	1,590

Hint

❶ [B1:F1] 영역을 블록 지정하고 [병합하고 가운데 맞춤]을 클릭한 후 제목을 입력하고 글꼴 서식을 지정합니다.
❷ [B3:F13] 영역에 내용을 입력하고 글꼴 서식, 테두리 서식, 채우기 서식을 지정한 후 열 너비와 행 높이를 조절합니다.
❸ [삽입] 탭-[표] 그룹-[피벗 테이블]을 클릭한 후 [피벗 테이블 만들기] 대화상자가 나타나면 [확인] 단추를 클릭합니다.
❹ [피벗 테이블 필드] 창에서 '분류'는 [필터] 영역, '상품'은 [행] 영역, '단가'와 '판매량'은 [값] 영역으로 드래그한 후 '합계 : 단가'를 '평균'으로 변경합니다.
❺ '분류'의 목록 단추(▼)를 클릭한 후 '작동완구'를 선택하고 [확인] 단추를 클릭합니다.
❻ '행' 레이블을 '상품'으로 변경한 후 [피벗 테이블 도구]-[디자인] 탭-[피벗 테이블 스타일] 그룹-[피벗 테이블 어둡게 5]를 선택합니다.
❼ [피벗 테이블 도구]-[분석] 탭-[피벗 테이블] 그룹-[옵션]을 클릭한 후 '레이블이 있는 셀 병합 및 가운데 맞춤'을 클릭하고 [확인] 단추를 클릭합니다.
❽ [B4:C7] 영역을 블록 지정한 후 [홈] 탭-[표시 형식]-[쉼표 스타일]을 클릭합니다.

  **솜씨 어때요?**

• 완성 파일 : 솜씨어때요01_완성.hwp

01 한글 프로그램에서 그림과 같은 문서를 스스로 완성해 보세요.

방과후수업 안내장

- 글꼴 : 휴먼옛체
- 글맵시 모양 : 갈매기형 수장(☁)
- 크기 : 너비(120mm), 높이(20mm)
- 채우기 : 루비색
- 위치 : 글자처럼 취급, 가운데 정렬

학부모님 안녕하십니까? 그동안 사교육경감을 위한 대한초등학교 방과후수업을 통한 학생들의 특기와 적성을 계발과 동시에 학부모님의 사교육비를 경감하기 위한 아래와 같이 이번 달 방과후수업을 운영하고자 합니다. 아래 안내장은 *[학교홈페이지-게시판-방과후수업]* 란에도 공지되어 있으니 확인하시면 되겠습니다. 이에 한국초등학교는 최선의 노력으로 질 높은 교육으로 보답하도록 하겠습니다. 아래 안내를 확인하시고 일정에 맞춰 신청하시면 되겠습니다. 늘 대한초등학교의 방과수업에 꾸준한 관심에 큰 감사드립니다. 기타 건의 사항이 있는 학부모님께서는 교무행정실로 연락 주시면 되겠습니다.

☞ 안내사항 ☜

1. 수강 신청일 : 2020년 6월 1일~5일 17:00
2. 수강 장소 : 1층 교무행정실 김민국 선생님(02-1234-5678)
3. 수강 시작일 : 매월 10일
4. 수강료 납부방법 : 매월 20일 스쿨뱅킹(재료비포함)
5. 프로그램 안내장 : 학교 홈페이지 (http://www.ihd.or.kr)

※ 기타사항
 - 강좌당 수강생 수 25명 미만일 경우 폐강됩니다.
 - 모든 강좌는 25명을 정원으로 하며 해당강좌 최대인원을 초과 시 추첨에 의해 선발합니다.
 - 수강신청을 원하실 경우에는 꼭 신청서를 제출하시고 기타문의는 1층 교무행정실 김민국 선생님 (02-1234-5678) 에게 문의하세요.

- 왼쪽 여백 : 10 pt
- 내어쓰기 : 12 pt

2020. 05. 01

대한초등학교장

02 솜씨 어때요?

• 완성 파일 : 솜씨어때요02_완성.hwp

01 한글 프로그램에서 그림과 같은 문서를 스스로 완성해 보세요.

글상자 - 크기 : 너비(70mm), 높이(12mm), 테두리 : 이중 실선, 둥근 모양
채우기 : 노른자색, 위치 : 글자처럼 취급, 가운데 정렬

방과후수업통계

1. 방과후수업의 의미

돋움, 12pt, 진하게

방학동안 맞벌이 부부를 위한 초등 돌봄 및 방과후학교 수업이 크게 각광 받고 있는 추세이다. 서울특별시교육청에 따르면 서울시 유, 초, 중, 고등학교 모든 500여개의 교육기관의 학생들의 특기적성을 돕는 방과후학교 프로그램이 개설되어 운영하고 있습니다. 특히 모든 초등학교의 돌봄 교실로 저학년들의 참여로 학부모 부담이 크게 줄어 뜨거운 관심이 쏟아지고 있습니다. 서울교육청 방과 후 센터는 학교에서 희망하고 있는 분야를 중심적으로 지역내 유능한 강사를 섭외하여 방과후학교 서비스를 추진하고 있습니다. 돌봄에서 사각지대가 발생되지 않기 위해서 학기 중 5시간에 비해 운영이 늘어나는 방학 중 돌봄 체제에 대처하는 자세를 보여야 한다.

2. 방과후수업의 안전조치

특히 태풍 및 지진으로 인한 자연재해로 인해 큰 피해가 우려될시 전국적으로 전체 학교의 방과후수업 및 돌봄 교실이 일체 금지되고 있습니다. 태풍의 경우에는 소멸시까지 방과후수업을 중단하는 긴급 공문을 각 학교마다 발송을 하고 지진발생시 여진에 대비하여 각 학교에서는 항상 안전대비가 필요합니다. 만약의 상황을 대비하여 비상연락망 체계를 유지하고 계기교육을 통해 학생들과 안전수칙과 행동요령에 대해 자세히 안내하도록 합니다. 학교 관계자는 지속적으로 안전교육 실시 및 지도를 강화하며 재난에 철저하게 대비해야겠습니다. 기숙사 운영 및 급식사항을 포함한 모든 부분은 학교장의 신축적인 결정 하에 진행되도록 한다. 특히, 교직원에게 위험 기상특보 등을 스마트폰으로 전송해주는 모바일 맞춤형 기상서비스인 '방재기상정보시스템'을 적극 활용할 계획이다.

방과후수업 평균신청인원

과목	수강요일	신청인원
영어	월	22
컴퓨터	화	20
바둑	수	25
발레	목	15
중국어	금	19

위쪽 제목 셀 : 노랑, 제목 셀 아래선 : 이중 실선,
글자 모양 : 굴림, 10pt, 가운데 정렬

방과후 수업 과목별 인원 통계

차트 : 너비(80mm), 높이(75mm)

솜씨 어때요?

01 파워포인트 프로그램에서 도형을 이용하여 그림과 같은 문서를 스스로 완성해 보세요.

• 완성 파일 : 솜씨어때요03_완성.pptx

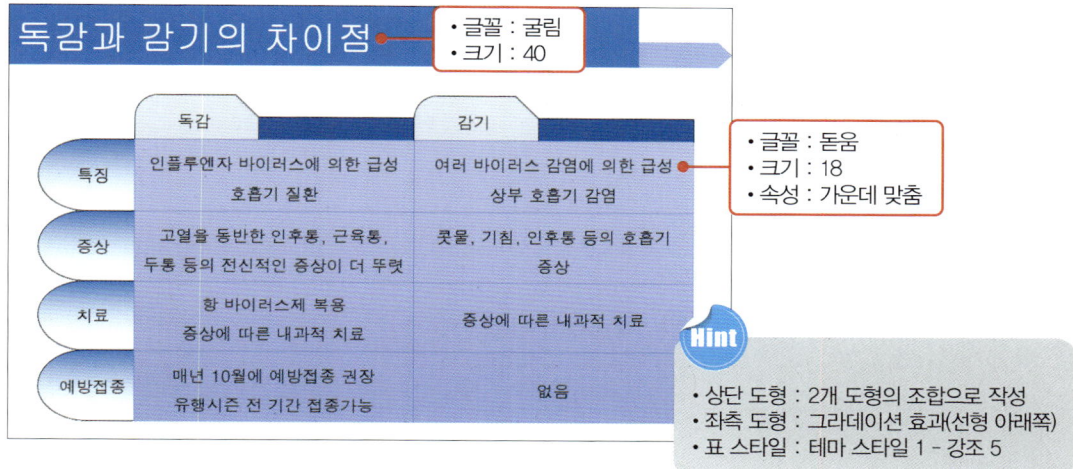

02 파워포인트 프로그램에서 차트를 이용하여 그림과 같은 문서를 스스로 완성해 보세요.

• 완성 파일 : 솜씨어때요04_완성.pptx

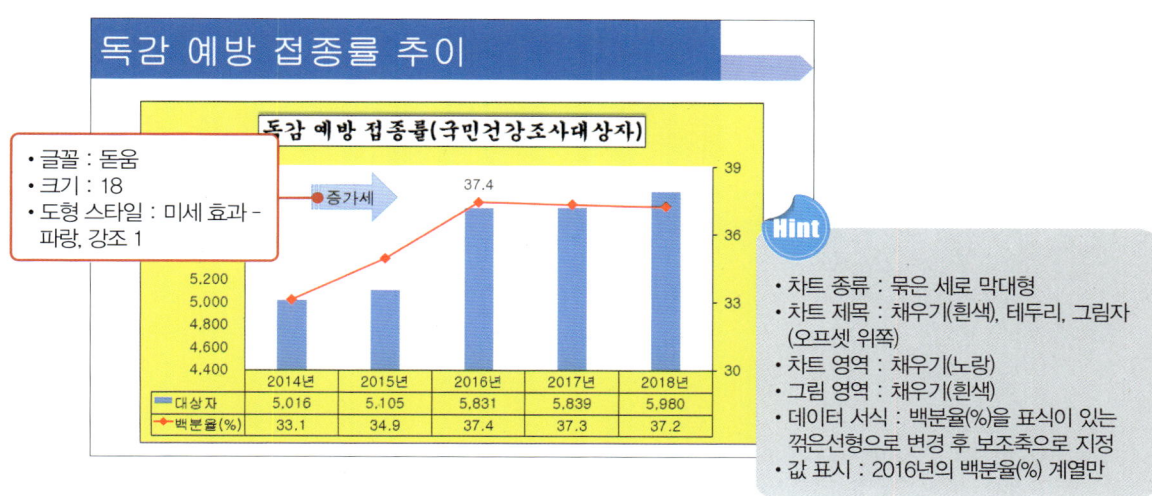

04   솜씨 어때요?

• 완성 파일 : 솜씨어때요05_완성.xlsx

01 엑셀 프로그램에서 함수 계산이 포함된 그림과 같은 문서를 스스로 완성해 보세요.

코드	분류	상품	2019년 4분기 매출액	1월 매출액	2월 매출액	3월 매출액	운영형태	3월 매출액 순위
AL-354	생활	가구	7,525천원	2,321,900	2,914,500	3,503,220	온라인	4위
CB-921	도서	서적	1,691천원	637,000	762,100	868,740	온/오프라인	6위
BF-684	패션	의복	17,320천원	4,515,000	3,972,300	4,778,900	오프라인	3위
AF-629	패션	신발	3,722천원	1,004,100	1,075,100	1,169,700	온라인	5위
BF-826	패션	화장품	25,426천원	7,686,900	6,746,100	5,949,100	오프라인	2위
AL-504	생활	청소용품	21,527천원	7,530,000	9,345,300	9,247,800	온라인	1위
CB-312	도서	잡지	2,115천원	617,700	710,300	715,800	온/오프라인	7위
BL-870	생활	애완용품	21,448천원	66,800	73,800	93,400	오프라인	8위
생활상품 2019년 4분기 매출액 합계			50,500		2019년 4분기 최소 쇼핑 매출액			1,691
패션상품 3월 매출액 평균			3,965,900		코드	AL-354	1월 매출액	2,321,900

Hint

❶ 운영형태 ⇒ 코드의 첫 번째 글자가 A이면 '온라인', B이면 '오프라인', 그 외에는 '온/오프라인'으로 표시하시오(IF, LEFT 함수).

❷ 3월 매출액 순위 ⇒ 3월 매출액의 내림차순 순위를 구한 결과값에 '위'를 붙이시오(RANK.EQ 함수, & 연산자)(예 : 1위).

❸ 생활상품 2019년 4분기 매출액 합계 ⇒ 조건은 입력 데이터를 이용하여 구하시오(DSUM 함수).

❹ 패션상품 3월 매출액 평균 ⇒ 정의된 이름(분류)을 이용하여 구하시오(SUMIF, COUNTIF 함수).

❺ 2019년 4분기 최소 쇼핑 매출액 ⇒ (MIN 함수)

❻ 1월 매출액 ⇒ [H14] 셀에서 선택한 코드에 대한 1월 매출액을 구하시오(VLOOKUP 함수).

❼ 조건부 서식의 수식을 이용하여 3월 매출액이 '5,000,000' 이상인 행 전체에 다음의 서식을 적용하시오(글꼴 : 파랑, 굵게).

- 예제 파일 : 솜씨어때요06.xlsx
- 완성 파일 : 솜씨어때요06_완성.xlsx

01 엑셀 프로그램에서 예제 파일을 불러와 피벗 테이블 기능을 이용하여 [Sheet 2]에 그림과 같은 문서를 스스로 완성해 보세요.

	A	B	C	D	E	F	G	H
1								
2		코드	분류	상품	2019년 4분기 매출액	1월 매출액	2월 매출액	3월 매출액
3		AL-354	생활	가구	7,525천원	2,321,900	2,914,500	3,503,220
4		CB-921	도서	서적	1,691천원	637,000	762,100	868,740
5		BF-684	패션	의복	17,320천원	4,515,000	3,972,300	4,778,900
6		AF-629	패션	신발	3,722천원	1,004,100	1,075,100	1,169,700
7		BF-826	패션	화장품	25,426천원	7,686,900	6,746,100	5,949,100
8		AL-504	생활	생활용품	21,527천원	7,530,000	9,345,300	9,247,800
9		CB-312	도서	잡지	2,115천원	617,700	710,300	715,800
10		BL-870	생활	애완용품	21,448천원	66,800	73,800	93,400
11								
12								
13								
14		분류	3월 매출액					
15		도서						
16			>=5000000					
17								
18		코드	2019년 4분기 매출	1월 매출액	2월 매출액	3월 매출액		
19		CB-921	1,691천원	637,000	762,100	868,740		
20		BF-826	25,426천원	7,686,900	6,746,100	5,949,100		
21		AL-504	21,527천원	7,530,000	9,345,300	9,247,800		
22		CB-312	2,115천원	617,700	710,300	715,800		
23								

Hint

▶ 고급 필터
❶ 분류가 '도서'이거나 3월 매출액이 '5,000,000' 이상인 자료의 코드
❷ 조건 범위 : [B14] 셀부터 입력하시오.
❸ 복사 위치 : [B18] 셀부터 나타나도록 하시오.

▶ 표 서식
❶ 고급 필터의 결과 셀을 채우기 없음으로 설정한 후 '표 스타일 보통 6'의 서식을 적용하시오.
❷ 머리글 행, 줄무늬 행을 적용하시오.

06 솜씨 어때요?

• 예제 파일 : 솜씨어때요07.xlsx
• 완성 파일 : 솜씨어때요07_완성.xlsx

01 엑셀 프로그램에서 예제 파일을 불러와 피벗 테이블 기능을 이용하여 [Sheet 2]에 그림과 같은 문서를 스스로 완성해 보세요.

	A	B	C	D	E	F	G	H	I	J
1								결재	담당	팀장	부장
2				2020년 1분기 쇼핑 매출액							
3											
4		코드	분류	상품	2019년 4분기 매출액	1월 매출액	2월 매출액	3월 매출액	운영형태	3월 매출액 순위
5		AL-354	생활	가구	7,525천원	2,321,900	2,914,500	3,503,220	온라인	4위
6		CB-921	도서	서적	1,691천원	637,000	762,100	868,740	온/오프라인	6위
7		BF-684	패션	의복	17,320천원	4,515,000	3,972,300	4,778,900	오프라인	3위
8		AF-629	패션	신발	3,722천원	1,004,100	1,075,100	1,169,700	온라인	5위
9		BF-826	패션	화장품	25,426천원	7,686,900	6,746,100	5,949,100	오프라인	2위
10		AL-504	생활	청소용품	21,527천원	7,530,000	9,345,300	9,247,800	온라인	1위
11		CB-312	도서	잡지	2,115천원	617,700	710,300	715,800	온/오프라인	7위
12		BL-870	생활	애완용품	21,448천원	66,800	73,800	93,400	오프라인	8위
13		생활상품 2019년 4분기 매출액 합계			50,500			2019년 4분기 최소 쇼핑 매출액		1,691
14		패션상품 3월 매출액 평균			3,965,900		코드	AL-354	1월 매출액	2,321,900

▲ Sheet 1

	A	B	C	D	E	F	G	H
1								
2			분류					
3				패션			생활			도서		
4		2019년 4분기 매출액	개수 : 상품	평균 : 3월 매출액	개수 : 상품	평균 : 3월 매출액	개수 : 상품	평균 : 3월 매출액
5		1-10000	1	1,169,700	1	3,503,220	2	792,270
6		10001-20000	1	4,778,900	**	**	**	**
7		20001-30000	1	5,949,100	2	4,670,600	**	**
8		총합계	3	3,965,900	3	4,281,473	2	792,270

▲ Sheet 2

❶ 2019년 4분기 매출액 및 분류별 상품의 개수와 3월 매출액의 평균을 구하시오.
❷ 2019년 4분기 매출액을 그룹화하고, 분류를 위 그림의 'Sheet 2'와 같이 정렬하시오.
❸ 레이블이 있는 셀 병합 및 가운데 맞춤 적용 및 빈 셀은 '**'로 표시하시오.
❹ 행의 총 합계는 지우고, 나머지 사항은 위 그림의 'Sheet 2'에 맞게 작성하시오.